AF613764

COLLECTION ANDRÉ SALLES
Monnaies et Médailles des Colonies françaises

Collection André Salles. [illegible] Maurice Carpentier et Yves [illegible], [illegible] de M. Bourgey ont dispersé lundi et mardi, salle 10, la collection de M. André Salles, composée de monnaies, médailles et jetons des colonies françaises et cette vente a remporté un succès au moins égal à celui de la bibliothèque.

On a payé notamment 5.050 fr. le n° 465, un double wark d'or de Ménélick, roi d'Ethiopie, pièce à fleur de coin, représentant son buste et au revers le lion abyssin.

Comme autres principaux prix notons ;

8. Conseil privé, Charles X, or : 1,050 fr. — 81. Indes. Pagode indigène, or : 1.500 fr. — 105. Cambodge. Quadruple tical, argent : 3.200 fr. — 110. Cambodge. Essai de 4 fr. de 1860, or : 2.600 fr. — 111. Essai de 2 fr. or : 1.300 fr. — 121. Piefort d'un franc, argent : 2.400 fr. — 145. Annam. Barre, trésor public, 5 onces argent : 1.450 fr. — 154. Annam. Ere Thien tri, lingot 10 onces argent 1847 : 2.600 fr. — 174. Barre. Trésor de la Cour, 10 onces argent : 2.250 fr. — 259. Laos. Lingot argent : 1.150 fr.

303. La Martinique. Meia dobrao de Joseph I de Portugal, or : 1.220 fr. — 306. Même contremarque sur un 1/2 escudo de Marie Ier, or : 2.350 fr. — 307. Meia dobrao do Joseph Ier, 1774, or : 1.220 fr. — 309. Meia dobrao de Marie Ier et Pierre III de Portugal, contremarqué pour la Martinique, or : 1,850 fr. — 330. Meia dobrao de Jean V de Portugal, 1745, contremarqué d'un G : 2.330 fr. — 331. Meia dobrao de Marie Ier de Portugal, 1799, contremarqué G : 1 820 fr. — 362-3-4. Saint Domingue, trois pièces argent : 1.500 fr.

Gazette de l'Hôtel Drouot,
4 juillet 1929

CL. OTTO ET PIROU

ANDRÉ SALLES (1860-1929)

Collection André SALLES

Vente après décès en vertu d'ordonnance

Monnaies, Médailles

JETONS

des Colonies Françaises

HISTOIRE DE LA FRANCE SUR MER
ET AU-DELA DES MERS

LIVRES DE NUMISMATIQUE

VENTE AUX ENCHÈRES PUBLIQUES

A PARIS, HOTEL DES COMMISSAIRES-PRISEURS, RUE DROUOT, 9

SALLE N° 10

Les Lundi 1er et Mardi 2 Juillet 1929

A DEUX HEURES PRÉCISES

COMMISSAIRES-PRISEURS :

Me Maurice CARPENTIER
14, Rue de la Grange-Batelière

Me Yves COUTURIER
9, Rue Portalis

EXPERT :

M. Etienne BOURGEY
7, Rue Drouot, 7

PARIS

Exposition particulière :

Du 24 au 29 Juin 1929, chez M. Etienne BOURGEY, expert, 7, rue Drouot (Téléphone : Provence 88-67).

Exposition publique :

Le Dimanche 1er Juillet 1929, HOTEL DROUOT, Salle 10.

La vente aura lieu au comptant.

Les acquéreurs paieront 19,50 pour cent en sus des enchères.

L'authenticité des pièces est garantie.

M. Etienne BOURGEY, 7, rue Drouot, se charge d'exécuter les commissions qui lui seront confiées.

L'ordre du catalogue sera suivi. L'expert se réserve le droit de diviser ou réunir les lots.

ANDRÉ SALLES

Inspecteur des Colonies

(1860-1929)

M. André Salles est né à Tarbes le 5 Septembre 1860, d'une vieille famille originaire des Hautes-Pyrénées, de Castelnau-Magnoac du côté paternel et de Bagnères-de-Bigorre, avec ascendance créole de Saint-Domingue, du côté maternel. Son père était inspecteur des Postes.

André Salles fit sa licence en droit à Toulouse; ensuite il fut reçu à l'Ecole du Commissariat de la Marine, à Lorient, en 1880. Nommé aide-commissaire en 1882, il fut promu sous-commissaire en 1889.

Au début de sa carrière de commissaire, il fit la campagne de Chine (Formose et Pescadores) 1884-1885 sous l'Amiral Courbet, à bord de l'*Eclaireur;* quelques années plus tard, en 1888-1889, il fit la campagne des Antilles et de Terre-Neuve à bord du *Bisson*; puis en 1893, il embarqua à bord du *Formidable*, à l'escadre du Levant.

L'année suivante, il quitta le commissariat pour devenir inspecteur des colonies. C'est en cette qualité qu'il fit successivement des tournées d'inspection aux Antilles, en Indo-Chine, au Dahomey, à la Réunion, à la Côte des Somalis, à Tahiti.

En 1906, il prit sa retraite comme inspecteur de première classe, officier de la Légion d'Honneur.

Il se fixa à Paris et se consacra dès lors à une œuvre patriotique qui l'absorba complètement jusqu'à la fin de son existence.

C'est ainsi qu'il devint secrétaire général du Comité Paul Bert, à l'Alliance Française, comité fondé pour l'éducation et la surveillance des jeunes annamites durant leur séjour dans la métropole.

L'intérêt qu'il portait généralement à l'Indo-Chine l'amena à faire après sa retraite plusieurs voyages dans cette colonie et à fonder, surtout au Tonkin, des Sociétés d'enseignement pour les indigènes, dont des sujets d'élite, recrutés au concours, devaient venir en France compléter leur éducation; il continua à se consacrer à cette œuvre encore après la guerre.

C'est pour étudier la diffusion de la pensée française et le rayonnement de l'influence de la France en dehors de ses limites territoriales qu'il entreprit plusieurs voyages dans nos anciennes colonies du Canada, des Indes et de l'Afrique, amassant partout des souvenirs relatifs aux relations d'autrefois et d'aujourd'hui de ces dernières avec la métropole.

Dans cet ordre d'idée, il recueillit de nombreux objets de tous genres et constitua d'importantes collections.

Il compléta cet ensemble si varié en formant une très intéressante bibliothèque comprenant presque exclusivement des ouvrages anciens concernant l'histoire des colonies, bibliothèque qui est cataloguée dans un volume spécial.

Le complément naturel de toutes ces séries de documents, de livres, de souvenirs, est la collection de monnaies et de médailles qui fait l'objet du présent catalogue.

On remarquera qu'une des parties les plus importantes concerne l'Indochine, marquant ainsi sa prédilection toute spéciale pour cette colonie.

Son œuvre de propagande patriotique absorbait toute son activité et ne lui permettait pas de se consacrer à des travaux d'érudition.

Il n'a laissé que de courts articles publiés pour la plupart dans la "*Numismatic Circular*" de Messrs Spink and Sons.

Une étude Numismatique plus importante, illustrée de planches, est en cours de publication dans les comptes-rendus de l'Académie des Sciences Coloniales. (t-x.) : *Présentation de quelques médailles de la Grande Guerre touchant la participation des troupes indigènes.*

Ajoutons un travail purement historique concernant l'histoire des relations entre Français et Annamites, sur J. B. Chaigneau et sa famille, publié à Hué, en 1924.

J. B. Chaigneau était un officier de marine français, de la suite de l'Evêque Pigneau de Behaine, officier qui fut fait mandarin par l'Empereur Gia-Long (1797).

André Salles est mort le 2 Février 1929, n'ayant pas cessé jusqu'au dernier moment de s'occuper de ses protégés Indochinois.

Il laisse le souvenir d'un noble cœur et d'un bon patriote, dévoué à la cause de la plus grande France.

F. Mazerolle.

MONNAIES ET MÉDAILLES COLONIALES (*)

Colonies en général

1 *12 deniers*, 1721, 1722, La Rochelle; 1721, Rouen (Zay 6, 7, 8). C. 5 p. AB. et B.

2 *Marqués*, 1739, 40, 41, 42, 44, 45, 48, 55, 63, 64. *Tampés* au C couronné. (Z. 22). C. 33 p. B. et TB.

3 *Un Sou*, 1767 (Z. 23). C. FDC. *Pl. I.*

4 — Autres; coins variés. *Essai de Guiquero*, 1781. C. 7 p. B. et TB.

5 *Louis XVI*, 1783, 1787 (reproductions). *Louis XVIII*, 1824 (apocryphes). *Charles X*. 10 et 5 cent., frappes courantes, essais et refrappes. C. 16 p. Et. et galvano 3 p. B. et TB.

6 *Louis-Philippe*. 5 cent., 1839, sur flan d'argent irrégulier. TB.

7 10 et 5 cent. 1839, 41, 43, 44. Essais, 1839. C. 20 p. TB.

8 *Conseil privé*. Charles X debout de face, 1827. ℟. COLONIES FRANÇAISES CONSEIL PRIVÉ. Or. 46 ‰. TB.

9 — Même p. Br. Jetons octog. au buste de Louis-Philippe, 2 p. Arg. TB.

10 *Cours d'assises*. Buste de Charles X. Arg. et Br. Autre, buste de Louis-Philippe. Arg. — Ens. 3 p. 46 ‰. TB.

Algérie

11 *8, 4, 2 maravédis* de Philippe III ou IV d'Espagne, fr. à Oran. C. 8 p.

12 *Dinar* d'Abou Zakarya Yahya I. Or. B.

(*) Les numéros entre parenthèses se rapportent à l'ouvrage d'E. Zay : *Histoire monétaire des Colonies Françaises.*

13 *Monnaies diverses* de Selim Khan, Mustapha Khan, Mahmoud Khan, Hussein, Abd-el-Kader, Arg. et C. 31 p. Pièces contremarquées d'une étoile; pièces percées et diverses. Arg. C. et Pb. 21 p. — Ens. 52 p.
14 *Jetons et tickets monétaires* émis par les chambres de commerce d'Alger, Oran, Constantine, Bône, Bougie depuis 1915. Autres, émis par des particuliers. Alum. C. Et. 71 p.
15 25, 10 et 5 cent. en carton émis par différentes villes, chambres de commerce, sociétés et particuliers d'Algérie. 89 p.
16 *Barberousse*, par Neufarer. Buste à dr. ℞. Inscription arabe. Br. 27 %. *Charles V*. Expédition contre Alger, 1541. *Philippe II*. Délivrance d'Oran, 1563, 1564. Jetons C. 7 p. — Ens. 8 p. B. et TB.
17 *Paix avec Alger*, célébrée à Hambourg, 1751. Arg. 39 %. TB.
18 *Société agricole*, 1848. Oct. Arg. *Banque de l'Algérie*; *chambre de commerce d'Alger; éclairage par le gaz*. Arg. et C. *Comptoir algérien;* Messageries. C. — Ens. 9 jetons. TB.
19 *Louis-Philippe*. Prix décerné aux instituteurs. Arg. 51 %. TB.
20 *Napoléon III*. Récompense, choléra 1867-68. Arg. 41 %. B.
21 Prix Poisson, école de médecine d'Alger, 1868. Arg. 46 %. TB.
22 *Concours* et expositions agricoles, 9 p. Concours musical de Bône. — Ens. 10 p. Arg.
23 *Monument* aux héros de Sidi-Brahim, 1898. Arg. 50 %. TB.
24 *Chemins de fer*, décrétés le 8 Avril 1857. Arg. 50 %. TB.
25 Est Algérien, 1886, par Roty. Arg. 68 %. TB.
26 — Même p. et cliché, Br. *Maçonniques* divers. Br. et Et. 9 p.
27 *Divers*. Quadruple de France, 1786, 1788 (Zay p. 241). Chasse au lion, galvano. Médailles et insignes. Br. et Et. 59 p.

Tunisie

28 *Monnaies arabes* diverses. Dirhem carrés des Almohades; Ahmed I; Ali, 2e bey husseinite; Ali ben Hussein; Hamouda pacha, etc. Arg. C. et Pb. 72 p.
29 *Ahmed*, 10e bey. *M'hamed*, 11e bey. *Sadok*, 12e bey. *Ali*, 13e bey. Arg. et C. 42 p.
30 *Sadok*. 25, 10 et 5 piastres. 5 piastres contrem. d'une étoile. Or. 4 p. TB.
31 *Protectorat*. Si Aly Bey. 15 francs, fr. à Tunis. Or. TB.
32 — Autre. Fr. à Paris. Or. FDC.
33 — 20 francs et 10 francs (3 p.). 1891. Or. 4 p. TB.

34 — 20 francs, 1892, 1901. Or. 2 p. TB.
35 El Hadj Bey. 20 francs, 1903, 1904. Or. 2 p. TB.
36 El Habib Bey. 20 francs, 1923. Or. FDC. Rare.
37 — 10 francs, 1926. Or. FDC. Rare.
38 2, 1 fr., 50 cent., 1891, 1903, 1912 ; 2, 1 fr., 1892, 1904, 8, 11. 1 fr., 50 cent., 1893, 1907. Arg. 22 p. TB. et FDC.
39 2 fr., 50 cent., 1898; 1 fr., 1902 ; 2 fr., 50 cent. 1914 ; 50 cent., 1915, 16, 24 ; 1 fr., 1917, 1927. Arg. 10 p. TB. et FDC. 10, 5, 2, 1 cent. C. 25 p. Bon pour 2, 1 fr., 50 cent., 1921. Br. d'al. 3 p. — Ens. 38 p.
40 Essai du bon pour 2 fr. 1921. Br. d'al. FDC.
41 Essais de 5 cent., 1918, 1920. 25, 10, 5 cent., 1918, 19, 20. Nickel 11 p. FDC.
42 *Prise de Tunis*, 1573. Buste de don Juan d'Autriche à g. ℞. Neptune combattant devant Tunis. (Van Loon I. 171). Br. 41 %. TB. *Jetons* de Charles V, 1535, 36, 38. C. 7 p. Pb. 1 p. — Ens. 9 p.
43 *Port de Tunis*, 1893, par Bottée. *Exposition*, 1887. 88, 89, 93 et divers. Br. 11 p.

Maroc

44 *Almohades*. Dirhem carré fr. à Fas. Douros et divisions *d'Hassan, Abd-el-Aziz, Abd-el-Hafid, Youssef*. Arg. 45 p. *Diverses* monnaies de cuivre et de nickel. 74 p. — Ens. 119 p. La plupart TB.
45 *Essais* de 1 fr., 50 et 25 cent. Nickel. 3 p. FDC.
46 — 5, 2, 1 cent, année 1330 ; 10, 5 cent, année 1340. C. 5 p. FDC.
47 *Médailles* diverses : exposition à Casablanca, 1915 ; M. Flandrin. 1925, etc. Br. 7 p.

Liban, Djibouti

48 *Etat du Grand Liban*. Essais de 5, 2, 1 piastres, 1924, 1925. Projet de 1/2 piastre syrienne. 5, 2, 1, 1/2 piastres, frappe courante. *Djibouti*. Ch. de commerce 1 fr. et divisions. — Ens. 22 p. Br. d'al. Nickel, etc. TB. et FDC.

Madagascar

49 Fragments de pièces de 5 fr., coupées en 1/2, 1/4, 1/8 et petit trébuchet avec les poids correspondant.

50 *Ranavalo.* Module de 5 fr. 1895. Buste de face. Module de 1 fr. 1888. Buste à g. Arg. 2 p. 5 fr. et 10 cent. 1883. Br. — Ens. 4 p. TB. et FDC.

51 *Grande Comore.* Saïd ben Saïd Omar. 5 fr. Arg. 10, 5 cent. C. — Ens. 4 p. TB.

52 *Timbres-poste* sur carton et tickets métalliques. 44 p.

Afrique Occidentale

53 *Cauris.* Jetons de 1 fr. et divis. des ch. de commerce de *Dakar*, *Ziguinchor*, *Rufisque*, *Kayes.* Monnaies de nécessité diverses du *Sénégal*, *Dahomey*, *Congo.* quittances d'impôt de l'*Afrique Equatoriale.* etc. — Ens. 126 p.

54 *Cameroun.* Essais de 2, 1 fr., 50 cent. par A. Patey, 1924. Br. d'al. Mêmes pièces, de frappe courante. — Ens. 6 p. TB. et FDC.

55 *Togo.* Essais de 2, 1 fr., 50 cent. Même type et année. Br. d'al. Mêmes pièces de frappe courante. — Ens. 7 p. TB. et FDC.

56 *Barre* d'argent portant 600 F. A. O. 50 GR. et en contremarque ovale CAPLAIN S[T] ANDRE ESSAYEUR.

57 *Noël Ballay.* Médaille à son buste, fr. pour l'inauguration de son monument et du chemin de fer du Niger, 1904. Or. 23 %. Bélière. TB.

58 — Même p. Arg. et Br. Médailles et jetons divers du *Sénégal*, de *Guinée*, du *Foutah Djalon.* Arg. 6 p. Br. 6 p. Et. 1 p. B. et TB.

59 *Grand-Bassam.* Manilles (Z. p. 246). Br. 16 p.

Iles de France et de Bourbon

60 2, *1 sols* de la Cie des Indes (Z. 1, 2). C. 11 p. *Marqués* de 3 sols ou 3 sous des Isles de France et Bourbon, 1779, 1781 ; de l'Isle de Bourbon, 1816. (Z. 24, 29, 34). Bill. — Ens. 17 p. B. et TB.

61 *Piastre Decaen.* Isles de France et Bonaparte, 10 livres, 1810. (Z. p. 265). Arg. B.

62 *Essais de 1 fr., 50 cent.*, La Réunion, 1896 par Lagrange. Maillechor. 2 p. FDC.

63 — Autres, plus épais, ESSAI en creux sur la tranche. 2 p. FDC.

64 — Essai de 50 cent., même type, autre métal. 1 fr., 50 cent. de fr. courante. 25, 10, 5 cent. 1920. Alum. Piéforts et fr. courantes de 50 et de 25 sous de l'*Ile Maurice.* C. et Bill. — Ens 10 p. TB.

65 *Les habitants de l'Isle de France au capitaine général de Caen.* Gustave Hippolite Emilien Isle de France baptisé au nom de la colonie le 19 octobre 1806. (Trésor Num. XIV. 12). Br. argenté. 58 ‰. B.

66 *Chambre de commerce* de l'Ile de la Réunion, 1862. Jeton octog. Br. TB.

67 — Même p. *Banque. Caisse d'escompte et de prêts.* Crédit foncier de *l'Ile Maurice.* Arg. Jetons octog. 5 p. TB.

68 Crédit foncier, crédit agricole et commercial, expositions de *La Réunion.* Arg. 4 p. TB.

69 *Union Mauricienne,* assurances mutuelles contre l'incendie, 1863. (Gauvin. —) C. TB. Rare. *Pl. I.*

70 *Sir John Pope Hennessy,* gouverneur de l'Ile Maurice. Belle médaille à son buste, par Roty, 1888. 68 ‰. Arg. et Br. 2 p. TB.

71 *Divers* jetons et médailles de La Réunion et de Maurice. Br. et Et. 24 p. B. et TB.

Inde Française

72 *Pondichéry.* Première Compagnie des Indes. Fanon et double fanon (Z. 1, 2). Arg. 2 p. douteuses.

73 — Fanon, Lis sous une couronne. ℟. Huit L en croix (Z. 3 varié). Arg. TB. Rare. *Pl. I.*

74 — 1/2 fanon. Même type. (Z. 3 varié). Arg. TB. Rare. *Pl. I.*
Ex. collection Bordeaux.

75 — Autre, couronne variée (Z. 3). Arg. B. Rare.

76 Deuxième Compagnie. Couronne à bonnet perlé. ℟. Cinq lis fermés. Double fanon, fanon et 1/2 fanon (Z. 7, 8, 9). Arg. 25 p. B. et TB.

77 — Couronne fleuronnée ou à fleurons perlés. ℟. semblable. Double fanon, fanon, 1/2 fanon. (Z. 4, 5, 6, 10). Arg. 8 p B. et TB.

78 — Même type. ℟. Cinq lis ouverts. Double fanon et fanon (13, 14). Double fanon douteux (19). Arg. 17 p. B. et TB.

79 — Doudou, 1/2 et cache (Z. 23, 24, 25). C. 28 p. B. et TB.

80 Louis-Philippe. Couronne. ℟. Coq, 1837. Double fanon, fanon et 1/2 fanon. (Z. 16, 17. 18). Arg. 10 p. Cache, 1836 (Z. 26). C. 3 p. — Ens. 13 p. B. et TB.

81 Pagode au type indigène. Lakchmi, déesse des richesses, debout de face. ℟. Petit croissant sur un champ convexe semé de perles. (Z. 23). Or. TB. *Pl. I.*

82 — Vichnou et Lakchmi. ℟. de la précédente. Or. TB. *Pl. I.*

83 — Vichnou et ses deux femmes. ℞. de la précédente. Or. TB. *Pl. I.*

84 — Même type, sans croissant au revers. Pagode Anglaise dite aux 3 Swami. Or. TB.

85 — Vichnou de face. ℞. de la précédente. Pagode Hollandaise. Or. TB.

86 Occupation Hollandaise. Cache, 1/2 cache (Z. 27) 24 p. *Karikal.* Doudou, 1/2 et cache (Z. 35, 36, 37). C. 4 p. Rares. — Ens. 28 p. B. et TB.

87 *Mahé.* Fanon, fr. à Pondichéry, années variées (Z. 44). Arg. 16 p. TB.

88 Biche, 1/2 biche, dates variées (45, 46). C. 28 p. B. et TB.

89 *Roupies de Pondichéry* (croissant placé après l'année de l'avènement du Mogol). Mûhammad Châh. An 25 et an 26 du règne. (Z. 29). Arg. 2 p. dont une TB.

90 Ahmed Châh Bahadûr (Z. 30, 34). Roupies, an 1, 2, 3, 4, 6, 7. 1/4 roupie, an 3. Arg. 8 p. TB.

91 Alamgir II. (Z. 31, 33). Roupies, an 1, 4. 1/2 roupie, an 1. Arg. 4 p. TB.

92 Chah Alam II. (Z. 32). Roupies, an 5, 9, 10, 11, 13, 14, 15, 16, 22, 24, 25, 26, 27, 28, 29, 30, 31, 32, 43, 44, 45. Arg. 35 p. TB.

93 Autres, grand module. Roupies de Mumbai-Surate. 1/2 roupie, an 25. 1/4. an 5. Arg. 8 p. TB.

94 *Compagnie des Indes.* Ecu accosté de deux sauvages. ℞. Navire. 1723. (Z. p. 272). Jetons. Arg. 5 p. C. 1 p. TB.

95 Buste de Louis XVI. ℞. Mêmes armes, signées D. V. 1785. (Z. p. 272). Oct. Arg. B. Rare.

96 — Variété, revers non signé. Octog. Arg. 5 p. B. et TB.

97 Cornes d'abondance et caducée. ℞. du précédent. Oct. Arg. TB. Coin cassé. Rare. *Pl. I.*

98 *Claude Martin.* « Roupie » du Général Martin. Son buste à g. ℞. Inscription Hindoue. Arg. et Br. 2 p. FDC.

99 Prix de l'école de la Martinière. Buste à dr. ℞. Inscription Hindoue. Arg. 42 %. TB.

100 — Même pièce. 34 %. Arg. TB.

101 — Même pièce. Br. Prix de la Martinière de Lyon. Br. 50 et 55 %. Centenaire de la Martinière de Lyon. 1900. Arg. 33 %. — Ens. 5 p. TB.

102 *Divers.* PRIVILEGE DV TABAC ET CAFFE. Uniface. C. Plombs de la Cie des Indes. Lally-Tolendal, Lauriston, etc. 17 p.

Cambodge

103 *Province de Battambong*. Sleng uniface à l'oiseau. Arg. bas et C. 80 p. Autres, même type, M M + V au dessus de l'oiseau. C. — Ens. 82 p.
104 — Oiseau dansant, crabe, fleurons, éléphant, etc. Arg. Bill., C. 66 p.
105 *Quadruple tical*. Temple à trois tours. ℟. L'oiseau Hamsa. Arg. 61 gr. B. Rare. *Pl. I.*
106 *Tical*. Même type (Schrœder 640). Arg. 4 p. TB.
107 — Même type, module réduit, fr. en virole (S. 641). Arg. 3 p. Divisions. 4 p. Arg. 1 p. C. — Ens. 8 p. B. et TB.
108 *Norodom I* (*). Piéfort d'une piastre, 1860. Tête à g. par FACONNET. ℟. Armoiries, dessous UNE PIASTRE. UN PESO. Arg. TB.
109 Essai d'une piastre. Même type. Arg. et C. 2 p. TB. et FDC.
110 Essai de quatre francs, 1860. Même tête signée C. WURDEN. ℟. Même type. Or. B. Métal fêlé sur la joue.
111 Essai de deux francs. Même type. Or. B.
112 Essai d'un franc. Même type. Or. B.
113 — Autre exemplaire. Frappe défectueuse.
114 Essai de 50 cent. Même type. Or. B.
115 — Deux autres exemplaires, dont un défectueux.
116 Essai de 25 cent. Même type. Or. B.
117 — Autre exemplaire ; frappe défectueuse.
118 Piéfort de quatre francs. Même type ; devant le cou, la lettre E. Arg. FDC.
119 Piéfort de deux francs. Même type. Arg. FDC.
120 — Même pièce sur flan ordinaire. Arg. FDC.
121 Piéfort d'un franc. Même type. Arg. FDC.
122 Piéfort de 50 cent. Essai, sur flan ordinaire de 50 et de 25 cent. Même type. Arg. 3 p. TB. et FDC.
123 Piéfort de quatre francs. Même type, sans la lettre E. Arg. FDC.
124 — Autre, flan moins épais. Arg. TB.
125 Piéfort de deux francs. Même type. Arg. FDC.
126 — Autres, l'un sur flan moins épais. Arg. 2 p. TB.

---

* Ces pièces sont de fantaisie. " Voir Monnaies, médailles et jetons modernes contrefaits ou complètement inventés" dans la *Gazette de Numismatique Belge*, 1902.

127 Piéforts et essais sur flan plus mince d'un franc, de 50 et de 25 cent. Arg. 5 p. TB. et FDC.
128 Essai de 10 centimes. Même type. Or. TB. *Pl. I.*
129 — Même p. Arg. et C. 2 p. FDC.
130 Essai de 10 cent. Même type ; sous la tête ESSAI. Arg. 1 p. C. 2 p. TB. et FDC.
131 Esssais de 10 et de 5 cent. Même type; devant la tête, la lettre E. Arg. 2 p. C. 2 p. TB. et FDC.
132 Quatre, deux, un franc; 50, 25 cent. Arg. 10, 5 cent. C. Essai monétaire de la presse monétaire du roi de Cambodge, par Brichaut. Pièces de 'souvenir' 1860, 1902, des funérailles, 1905. Arg. 16 p. C. 12 p. B. TB. et FDC.
133 Même tête non signée; dessous, branche de laurier. ℟. A SA MAJESTÉ NORODOM I ROI DU CAMBODGE SES MANDARINS ET SON PEUPLE RECONNAISSANTS 1902. Palais. Module de la pièce de quatre francs. Or. TB.
134 Module d'un franc. Même tête; dessous, 1902. ℟. Armoiries; dessous, SOUVENIR. Or. FDC. *Pl. I.*
135 — Module de 25 cent. Même type. Or. TB.
136 Série de 4, 2, 1, 1/2 tical fr. en étain. 1 centime (3 p. variées). C. Jetons de 25, 20, 15 et 10 cent. C. — Ens. 16 p. TB.
137 *Médailles* du couronnement de Sisowath, 1906. Arg. Concours agricole, 1901. Voyage de Maurice Barrès à Saïgon, Angkor. Arg. Br. etc. — Ens. 11 p. TB.

Annam

138 Série de sapèques, depuis le XIe siècle, sur des cartons avec description d'après Stewart Lockhart. C. 71 p. Collection de monnaies de cuivre et de plomb, classées d'après Schrœder. — Ens. 300 p. environ.
139 *Ere Gia long* (1802-1820). Barres : 'une once d'argent pur' (Schrœder 118). Arg. 3 p. TB.
140 — Autre, variée (S. 119). Arg. TB.
141 — Autres, variées (S. 120). Arg. 2 p. TB.
142 — Autre, variée (S. 121). Arg. TB.
143 Barre : 'cinq dixièmes d'once' (S. 122). Arg. TB.
144 *Ere Minh Mang* (1820-1841) .Barre : 'Trésor Public, une once d'argent' (S. 169). Arg. TB.
145 Barre : 'Trésor Public, cinq onces d'argent' (S. 170). Arg. TB. *Pl. III.*

146 Lingot : ‘ 1832, Trésor de la Cour, dix onces de premier titre ’ (S. 171). Arg. TB. *Pl. II.*

147 Barre : ‘ Trésor Public, trois dixièmes d'once d'argent ’ (S. 177). Arg. TB.

148 Barre : ‘ Trésor Public, cinq dixièmes d'once d'argent ’ (S. 179). Arg. TB.

149 Module de la piastre. Dragon parmi les nuages, an 14 de l'ère (S. 182). Arg. 2 p. TB.

150 — Même type, an 15 (S. 183). Arg. TB.

151 Soleil. ℞. Dragon de face. Le tout dans un grenetis et un ornement. Poids de l'once. (S. 187). Arg. TB. *Pl. I.*

152 — Même type, poids de la 1/2 once (S. 188). Arg. 2 p. dont une TB.

153 Pièce hybride, au nom de Minh Mang. ℞. Comme le n° 251 de Schrœder. Arg. Troué. Deux reproductions, plomb. — Ens. 3 p.

154 *Ere Thieu tri* (1841-1847). Lingot : ‘ Dix onces d'argent du Trésor Public. Fabriqué en l'an 1847 au chef-lieu de la province de Binh dinh ’ (S. 223). Arg. TB. *Pl. II.*

155 Barre : ‘ Trésor de la Cour. Once d'argent ’. (S.-). Arg. TB. *Pl. II.*

156 Pièce à trou dénommée Song long. Le soleil entre deux dragons affrontés. 2/10 d'once (S. 240). Arg. B. Percée.

157 Pièce dénommée Van thé vinh lai. ‘ Toutes les générations en recueilleront le fruit à jamais ’. Le soleil, la lune, les planètes, la mer et les trois montagnes. ℞. Inscription : ‘ La pierre précieuse Khuyet et le cinabre en mille ans se transforment en or très pur ’ etc. 5/10 d'once (S. 242). Arg. TB. *Pl. II.*

158 A droite, le dragon volant ; à gauche, le phénix volant. 5/10 d'once. (S. 243). Arg. TB.

159 Le Soleil, la Lune et les deux principes. 1/5 d'once (S. 251). Arg. TB.

160 Les trois longévités. 3/10 d'once. (S. 252). Arg. 2 p. TB. dont une percée.

161 Inscription ‘ grande prospérité, longue vie, nombreux fils ’. 5/10 d'once (S. 253). Arg. TB.

162 Les quatre perfections. 4/10 d'once (S. 254). Arg. 2 p. TB. dont une percée.

163 Les cinq bonheurs. 4/10 d'once (S. 255). Arg. TB.

164 Période de l'évolution cosmique. 1/10 d'once (S. 250). Deux souhaits de dix mille ans. 1/20 d'once (S. 257). Arg. 3 p. B. et TB. dont 2 percées.

165 Piastre, dite Phi long. Le Dragon volant dans le ciel (S. 258). Arg. TB.

166 Demi piastre, même type (S. 259, 260). Arg. 2 p. TB. dont une percée.

167 Pièce dite Phi long. Dragon dans les nuages ' Réunion intime du dragon et des nuages '. 5/10 d'once. (S. 261). Arg. TB.

168 — Même pièce de poids moitié moindre (S. 261 [a]). Arg. TB.

169 Le Soleil, La Lune et les planètes (S. 262). Dix mille souhaits (S. 264). Les trois abondances (prospérité, longue vie et nombreux fils). (S. 267). Dixièmes d'once. Arg. 4 p. TB. dont une percée.

170 Pièce dénommée Song long. Le Soleil entre deux dragons affrontés. (S. 278. 7/10 d'once d'or). Arg. TB.

171 Les tablettes littéraires Tho quyen (S. 294 en or). Arg. TB. Percée.

172 *Ere Tu Duc* (1847-1883). Barre : ' 1861. Phu yen. Trésor public, une once d'argent ' (S. 322). Arg. TB.

173 — Autre exemplaire. Arg. TB.

174 Barre. ' Trésor de la Cour, dix onces d'argent '. (S. 329). Arg. TB. *Pl. III.*

175 Barre : ' Trésor de la Cour, trois dixièmes d'once d'argent '. (S. 332). Arg. TB.

176 — Autre ; 4/10 d'once (S. 333). Arg. TB.

177 — 5/10 d'once. Même type. (S. 334). Arg. TB.

178 — Même type. Once, 38 gr. (S. —). Arg. TB.

179 Barres : ' Sept dixièmes de ligature ' (S. 339). ' Valeur en monnaie, une ligature ' (S. 340). ' Une ligature cinq dixièmes ' (S. 341). Arg. 3 p.

180 Pièce à trou. Le Soleil entre deux dragons affrontés. (Voir S. 347). 6 gr. 5. Arg. TB.

181 Pièce dénommée Van thé vinh lai. Type et inscriptions du n° 157 (S. 48 [b]). Arg. TB.

182 ' Tout le peuple aura confiance '. Le dragon de face volant dans le ciel. 5/10 d'once. (S. 349). Arg. TB.

183 — Deux autres exemplaires. Arg. TB.

184 — Même type; poids moitié moindre (S. 350). Arg. 3 p. B. et TB. dont une percée.

185 ‘ Qu’il soit accordé au peuple prospérité et longue vie’. 4/10 d’once (S. 351). Arg. TB.
186 — Autres exemplaires. Arg. et C. 2 p. TB.
187 — Pièces semblables; module et poids moindres (S. 351 b, 351) Arg. 4 p. B. et TB. dont 2 percées.
188 Le soleil, la lune et les planètes. 1/10 d’once. (S. 352). Arg. 2 p.
189 Le soleil, la lune et les deux principes. (S. 355). Arg. 2 p. TB. dont une percée.
190 Les trois abondances (S. 357). 2 p. percées. Petites pièces à trou. ℞. lisse. (S. 367). Ens. 4 p. Arg. B. et TB.
191 Les cinq bonheurs. (S. 360). Arg. TB.
192 Pièce au type de la piastre. Soleil et dragon dans un grenetis et un ornement. (S. 371) Arg. TB.
193 — Même type varié. Type de la 1/2 piastre. (S. 373). Arg. 2 p. perçées, l’une suspendue à un cordon.
194 Pièce dite Phi long. Dragon dans les nuages. 5/10 d’once. (S. 375). Arg. TB.
195 — Le soleil, la lune et les planètes. (S. 386 en argent). Or. TB. *Pl. III.*
196 Les trois abondances (S. 387). Les trois longévités (S. 407 en or). Arg. 2 p. B., la seconde percée.
197 Les quatre perfections (S. 409 en or). Arg. 2 p. TB.
198 Pièce au type de la piastre. (Voir S. 411 pour le droit). Arg. TB.
199 *Minh Mang.* Phi long (S. 181). *Thieu tri.* (S. 250, 253 c, 261, 262, 267). *Tu duc.* (S. 347, 349, 361, 370, 371, 409, 420). Arg. 13 p. TB. dans un écrin d’étoffe annamite, sous verre.
200 *Plaque d’honneur.* Lac guyân ngâi dân. (S. 614). Arg. TB.
201 *Récompense*, 1891. Mérite, souvenir. *Titres de noblesse. Plaques.*, etc. Arg. 6 p. Br. 2 p.
202 *Médaille* des ETUDES INDOCHINOISES. *Insignes* maçonniques. Arg. 4 p.

Indo-Chine

203 *Cochinchine.* Essai de la piastre. République assise à g.; dessous, 1879 BARRE. ℞. COCHINCHINE FRANÇAISE TITRE 0,900 POIDS 27,215 GR. Au centre : ESSAI PIASTRE DU COMMERCE. Arg. FDC. Rare. *Pl. III.*
204 — 50, 20, 10 cent. Même type, même année. Arg. 4 p. TB. et FDC.
205 — 50, 20, 10 cent. 1884. Arg. 4 p. B. et FDC.

206 Piastre, 50, 20, 10 cent. 1885, fr. à l'occasion de l'Exposition d'Anvers. Arg. 4 p. FDC. Rares.
207 — Autre série semblable. Arg. 4 p. FDC.
208 Essai de 1 cent., 1879. 1 cent, 1879, 84, 85. Sapèque de 1/5 cent, 1879, 85 et essai de sapèque (Z. 64). C. 9 p. TB. et FDC.
209 *Indo-Chine*. Piastre, 50, 20, 10 cent. 1885, fr. à l'occasion de l'Exposition d'Anvers. Arg. 4 p. FDC.
210 — Série semblable, fr. courante. Arg. 4 p. TB. et FDC.
211 Piastres, 1886, 1887; 20 cent., 1887; 10 cent., 1888. Arg. 5 p. TB.
212 Piastre, 50, 20, 10 cent. 1889 fr. à l'occasion de l'Exposition de Paris. Arg. 4 p. 1 cent. et sapèque C. 2 p. — Ens. 6 p. dans l'écrin original.
213 Piastre, 50, 20, 10 cent. de l'Exposition de 1889; 50, 20, 10 cent., 1894; piastre, 50, 20, 10 cent., 1895. Arg. 11 p. TB. et FDC.
214 Piastre abaissée à 27 gr. 1895. Arg. TB.
215 Piastre, 50, 20, 10 cent. 1896. Variétés de différent. Arg. 6 p. TB.
216 Piastre, 1897. 20, 10 cent., 1898, 1899, titre abaissé à 835 millièmes. Arg. 5 p. TB.
217 Piastre, 50, 20, 10 cent., 1900, fr. à l'occasion de l'Exposition de Paris. Arg. 4 p. FDC.
218 Piastres, 1901, 1913; 20 cent. 1901, 1916; 10 cent. 1901, 13, 14, 19. Arg. 8 p. TB. et FDC.
219 Essai de piastre, 1921, tranche lisse, sans lettre d'atelier. Fr. à San-Francisco. Arg. TB. Rare. *Pl. III.*
220 — Autre exemplaire. Arg. TB. Rare.
221 Flans de piastres de San-Francisco. Arg. 2 p.
222 Piastres, 1921, 1922. 20, 10 cent. 1920 à 400 millièmes de fin. Fr. à San-Francisco. Arg. 4 p. TB.
223 Piastres, 1921, 1922. Fr. à Birmingham. Arg. 2 p. TB.
224 Piastre, 1924; 20 cent. 1921, 22, 23; 10 cent. 1921, 22, 23, 24. Fr. à Paris. Arg. 20 p. TB. et FDC.
225 Essai d'un alliage de nickel. Revers de 20 cent. répété. 2 p. TB.
226 1 cent, dates variées. Sapèques. Centimes percés. Jetons-monnaie. C. 5 cent. Nickel. — Ens. 71 p. TB.
227 Essai en piéfort de 1 cent., par Daniel Dupuis, 1896. Bronze jaune. FDC.
228 — Même pièce. Bronze. TB.
229 Essai de 1 cent., 1897. Même type. Nickel. FDC.
230 Essai en piéfort de 1 cent. 1908. Même type. Br. FDC.
231 Essai de 1 cent., même type, 1911, 1923. Br. 2 p. FDC.

232 Essai en piéfort de 5 cent. par A. Patey, 1923. Nickel. FDC.
233 — Essai. Mêmes type et date. Nickel. FDC.
234 Essais de sapèque, 1887. *Protectorat du Tonkin*, 1905. C. et Zinc. 7 p. TB. et FDC.
235 Cinq piastres Mexicaines et 6 fragments ayant eu cours en Indo-Chine. Arg.
236 *Médailles* concernant l'Indo-Chine. Arg. 14 p. TB.
237 — Autres. Bronze, zinc, etc, 38 p. TB.
238 Monnaies *d'Annam*, du *Cambodge*, d'*Indo-Chine* en double. 4 p. Arg. et un lot de p. C. et Pl.

Siam

239 *Monnaie globulaire* ou '*bullet-money*'. Série intéressante de 4, 2, 1, 1/2, 1/4, 1/8, 1/16, 1/32 tical. sceaux divers : Kra Bet, Kra Chak, Kra Krut-ok-yau, Kra Mongkut, etc. Arg. 40 p.
240 Tical d'or, Kra Kunto, 0 gr. 9. Or. TB.
241 *Maha Mongkut*. Sceau royal. ℟. Eléphant. 2, 1, 1/2, 1/4, 1/8 tical. Arg. 9 p. TB.
242 8 tical. Sceau royal. ℟. Eléphant. Or. TB. *Pl. I.*
243 — 4 tical. Même type. Or. TB.
244 — 2 tical. Même type. Or. TB.
245 *Chu la long korn*. 3 tical. Buste du jeune roi. ℟. Sceau royal. Or. FDC. *Pl. I.*
246 2, 1/2, 1/4 tical. Même type. Arg. 3 p. Monnaies *diverses*. — Ens. 35 p. Arg. C. Et. Nickel.
247 *Jetons-monnaie* en porcelaine. 15 p.
248 *Médailles* du Siam. Arg. 6 p. Br. et Et. 13 p.

Laos

249 *Tamloung*. Monnaie en forme de deux fers à cheval liés et portant six estampilles. Arg. TB. Rare.
250 *Lat*. Lingots de cuivre de la région du Mékong, en forme de pirogue. Longueur 47 à 110 %. 28 p. *Cauris* encore usités à Luang-Prebang. 2 p.
251 *Chûlon* ou *Chaubinbank*, lingot en forme de navette. Sur la face, quatre rangs d'efflorescences et l'empreinte de trois poinçons (Voir Schrœder, 653). Arg. TB. Rare. *Pl. III.*
252 — Deux autres exemplaires, poinçons différents. Arg. TB.
253 — Deux autres, plus petits et avec seulement deux empreintes de poinçons. Arg. 2 p. TB.

254 — Trois autres exemplaires, sans empreintes. TB.
255 Petit lingot en forme de pirogue et portant les empreintes de trois poinçons. Arg. TB.
256 *Ngeune ho.* Lingot en forme de bateau de 2 tical 24. Arg. TB.
257 *Ngeune dok* (argent fleur). 5 tical, principauté de Nan. Arg.
258 — 4 1/4, 4, 2 tical. Arg. 3 p. *Salung thong deng*, 1/4 tical. Cuivre. 2 p.
259 Lingot ou barre d'argent rectangulaire légèrement courbée. Sur les côtés, empreintes de poinçons. Arg. 380 gr.

Nouvelle-Calédonie, Java, etc.

260 25, 10, 5 cent. de la Société 'Le Nickel', 1881. 5 cent. de la Société Franco-Australienne, 1882. 2, 1 fr. 50, 25 cent. en timbres de la Nouvelle Calédonie sur cartons. Monnaies de Java, 1808 à 1811. Médailles diverses dont une de Nouméa, en argent.

Canada

261 *Pièce de 5 sols.* Buste de Louis XIV. ℟. GLORIAM REGNI TVI DICENT 1670. (Z. 2). Arg. B. Rare. *Pl. III.*
262 *Reproductions* de la p. de 15 sols et du double de l'Amérique Française. *Pièces de XXX et de XV deniers*, 1709, 13. *Livre* de la Cie des Indes. *Bank-tokens*, de 2 et 1 sous. Bouquet-Sous. — Ens. Arg. 2 p. C. et Pl. 20 p.
263 *Jetons des Colonies Françaises de l'Amérique.* 1751. Buste lauré, cuirassé de Louis XV, signé D. V. ℟. SUB OMNI SIDERE CRESCUNT. Sauvage dans une plantation de lis. (Z. 13). Arg. B.
264 — Même pièce. TB. — 1753. Même buste. ℟. SATIS UNUS UTRIQVE. Le soleil au-dessus des deux hémisphères (Z. 15). B. — Ens. 2 p. C.
265 1754. Buste jeune, drapé, cuirassé de Louis XV signé J. C. R. liés. ℟. Castors au travail. (Z. 16). Arg. TB. Rare. *Pl. IV.*
266 — Même p. non signée. Arg. TB. Rare.
267 — Autre. Tête laurée signée *R. filius.* Arg. TB. Rare.
268 — Buste lauré, cuirassé, signé *fm.* C. FDC.
269 1755. Buste du précédent. ℟. NON VILIUS AUREO. Galère Argo. (Z. 17). Arg. TB. Rare. *Pl. IV.*
270 — Même pièce. C. Autres : buste aux cheveux noués, drapé d'une peau de lion, signé *fm.* C. et C. doré. — Ens. 3 p. B. TB. et FDC.

271 1756 Tête laurée, signé *R. filius*. ℟. Ruche et abeilles. (Z. 18). Arg. TB. Rare. *Pl. IV*

272 — Buste lauré, cuirassé, signé *fm*. Arg. B. Rare.

273 — Tête laurée, signée *m*. C. TB.

274 1757. Buste jeune, drapé, cuirassé. ℟. Guerrier guidé par Neptune. (Z. 19). Arg. TB. Rare. *Pl. IV.*

275 — Tête laurée, signée *m*. Arg. B. Rare.

276 — Buste lauré, drapé de la peau de lion. C. B.

277 1758. Tête laurée, signée *R. filius*. ℟. Phénix conduisant des oiseaux au-delà des mers. (Z. 20). Arg. B. Rare. *Pl. IV.*

278 — Même p. C. TB.

279 Doubles des précédents, 1751, 54, 55, 56. C. Jeton aux castors, 1754, avec le buste de Louis XVI. Arg. Jeton au navire Argo. 1755. ℟. Marine, 1741. C. — Ens. 6 p. B. et TB.

280 Refrappes des jetons de 1751, 52, 53, 54, 57, 58. Arg. 4 p. C. 5 p. Et. 2 p.

281 *Castorland*, 1796. Buste lauré de la colonie. ℟. Cérès près d'un érable. Arg. refrappe et C. — Ens. 2 p. TB.

282 *Médailles* concernant le Canada. Br. Métal blanc, etc. 79 p.

Guyane

283 *3 sous*, 1781, Colonie de Cayenne (Z. 28). *2 sous*, 1780, 81, 82, 83, 88, 89 (Z. 30). *2 sous*, 1816 (Z. 53). *10 cent.* Guyane Française, 1818, 1846. (Z. 35, 53). C. et Bill. 37 p.

284 Reproductions. Pl. 2 p. *Essai* de 20 cent de la Guyane Indépendante, 1887. Nickel. *Cents* contremarqués M R, S. M. *Pennies* contrem. W & G T, I. F. *Sol* contremarqué A. D. — Ens. 8 p. TB.

285 *Jetons* de la Compagnie la Guyane Française. ℟. AGRICULTURE ET COMMERCE. (Z. p. 84). Arg. 3 p. dont 1 refr. C. 1 p. Autre; ℟. Société royale d'agriculture de Paris. Arg. — Ens. 5 p. Octog. TB.

286 *Médaille d'honneur*, Agriculture, travail libre, 1850. Arg. 1851. Br. *Etat libre du Counani*. Décoration ‘ Aux organisateurs de la Patrie ’; ‘ Bons services ’. C. et C. argenté. 3 p. — Ens. 5 p. TB.

Les Antilles

287 *Iles du Vent*. 12 et 6 sols, 1731, 1732. (Z. 9, 10, 11, 12). Arg. 17 p.

288 *Iles du Vent et sous le Vent*. 2 sous 6 deniers, 1789. (Z. 32). Bill. TB. Rare. *Pl. IV.*

289 — Autre exemplaire, un peu moins beau.

290 *Ste Lucie.* (Occupation anglaise, 1813). Partie centrale, rectangulaire, d'un peso espagnol coupé en trois, contremarquée. S. LUCIE, valeur six livres quinze sous ou neuf escalins. (Z. 72). Arg. TB. Rare. *Pl. IV.*

291 — Autre exemplaire. Arg. TB. Rare.

292 Segment de peso ; même contremarque, valeur 2 livres 5 sous ou 3 escalins (Z. 71). Arg. TB. Rare. *Pl. IV.*

293 — Autre exemplaire. Arg. TB. Rare.

294 Partie centrale d'un demi-peso ; même contremarque, valeur 3 livres 7 sous 6 deniers ou 4 escalins 1/2. (Z. 74). Arg. TB. Rare. *Pl. IV.*

295 Segment d'un 1/2 peso ; même contremarque, valeur 2 sous 6 deniers ou 1 escalin 1/2. (Z. 73). Arg. TB. Rare. *Pl. IV.*

296 — Autre exemplaire. Arg. TB. Rare.

297 Morceau central d'un 1/4 peso ; même contremarque, valeur 1 livre 13 sous 9 deniers ou 2 escalins et un tampé (Z. 76). Arg. TB. Rare. *Pl. IV.*

298 Segment d'un 1/4 peso ; même contremarque, valeur 11 sous 3 deniers ou trois tampés (Z. 75). Arg. TB. Rare. *Pl. IV.*

299 Fragments triangulaires, contremarqués de 3, 2, 1 cercles ; valeur 40, 20, 10 sols. Pièce de 50 cent. de Napoléon I, contrem. d'un cercle, valeur 10 sols. (Z. 64, 65). Arg. 8 p. TB.

300 Tiers triangulaire de peso, contremarqué S L en monogr., valeur 4 livres 10 sous. (Z. 68). Arg. TB. Rare. *Pl. IV.*

301 — Autre exemplaire, les bords de la coupure ne sont pas crénelés. Arg. TB. Rare.

302 12 deniers Louis XVI, contrem. S L. (Z. —). C. TB.

303 *La Martinique.* Meia dobrao de Joseph I de Portugal, Rio, 1769, contremarquée de 22 et d'un petit aigle (Z. suppl[t] p. 14). Or. TB. Rare. *Pl. IV.*

304 — Même contremarque sur une meia dobrao de 1771. Or. TB. Rare. *Pl. IV.*

305 Même contremarque sur une pièce de 2 escudos de Jean V de Portugal, 1735. Or. B. Rare. *Pl. IV.*

306 Même contremarque sur un 1/2 escudo de Marie I, 1796. Or. TB. Rare. *Pl. IV.*

307 Meia dobrao de Joseph I, 1774, contremarquée de 20 et d'un petit aigle. Or. TB. Rare. *Pl. IV.*

308 — Même contremarque sur une meia dobrao de 1778, Rio. Or. TB. Rare. *Pl. IV.*

309 Meia dobrao de Marie I et Pierre III de Portugal, percée au centre, contremarquée de 22 et d'un petit aigle, pour la Martinique et, sur les bords, de quatre S pour St Vincent. Or. TB. Rare. *Pl. IV.*

310 Partie triangulaire de pièce, provenant d'un peso espagnol coupé en quatre, les bords de la coupure crénelés ; valeur 3 escalins ou 45 sols (Z. 42). Arg. TB. *Pl. IV.*

311 — Sept autres exemplaires. Arg. TB.

312 Quart de demi-peso, même type, valeur 22 sols 6 deniers. (Z. 43). Arg. B.

313 Tiers de 1/4 de peso coupé en trois ; valeur 1 escalin ou 15 sols. (44). Arg. 3 p. TB.

314 Coupure triangulaire d'un 1/12 de demi-peso ; valeur 7 sous 6 deniers ou 1/2 escalin. (Z. 45). Arg. 2 p. TB.

315 Quarts de peso, de 1/2 peso et de 2 réaux, même type mais les coupures lisses (Voir l'article de M. Salles dans la Numismatic Circular, Janvier-Février 1920). Arg. 3 p. TB.

316 Essai fr. en piéfort du bon pour 1 fr. 1897, par A. Borrel. Maillechor. FDC.

317 Essai fr. en piéfort du bon pour 50 cent. Pièces courantes, 1897, 1922. — Ens. 5 p. Maillechor. TB. et FDC.

318 *Médaille* au buste de Louis XVI, pour l'assemblée des électeurs à Paris, 1789. PRESIDENTS DES ELECTEURS J. DE LAVIGNE ET M. LE MOREAU DE ST MERY. Arg. 46 m/m. TB.

319 Alexandre Beauharnais. Médailles et clichés à son buste. Arg. 1 p. C. 3 p. Pb. 1 p.

320 Joséphine et Napoléon I ; fêtes du couronnement, an XIII. Arg. et Br. 35 m/m. Plomb uniface 1809, 70 m/m. Médailles et clichés au buste de Joséphine. C. 5 p.

321 Tête de Louis-Philippe. ℞. MINISTERE DE LA MARINE ET DES COLONIES RECOMPENSE POUR L'EDUCATION DU BETAIL MARTINIQUE 1839. Or. 36 m/m. TB.

322 — Même p. et autres médailles de récompense. Fort-royal, police Martinique, s. d. Pièces diverses. — Ens. Arg. 1 p. Br., etc. 16 p.

323 *Tobago.* Peso espagnol percé au centre d'un trou octogonal. (Z. 88). Arg. TB. *Pl. V.*

324 Découpure centrale du peso, contremarqué d'un T (Z. 89). Arg. 2 sous de Cayenne et autres contrem. TB ou T (*Tortola*). (Z. 90, 91, 92). C. 16 p.

325 *Barbade ?* Réal percé au centre d'un trou en forme de cœur (Voir Z. 51. *La Martinique*). Arg. TB. *Pl. V.*

326 Cinq centimes de la République, an 7, contrem. d'un cœur couronné. (Z. 59. *La Martinique*). Br. TB. *Pl. V.*

327 Disque de cuivre sur lequel I et un cœur. Br. TB.

328 *La Guadeloupe*. Découpure centrale octogonale d'un peso étampée 4 E R. F. Valeur, quatre escalins (Z. 2). Arg. TB. *Pl. V.*

329 Segment de peso étampé RF. Valeur un escalin (Z. 3). Arg. 5 p. TB.

330 Meia dobrao de Jean V de Portugal, Rio, 1745 contremarquée d'un G dans un cercle dentelé. (Z. suppl. p. 11). Or. TB. *Pl. V.*

331 Meia dobrao de Marie I de Portugal, 1799, contremarquée G couronné (Georges III) et 82. 10 (82 livres 10 sous). Or. TB. *Pl. V.*

332 Peso espagnol percé au centre d'un trou carré, dentelé et contremarqué d'un G couronné ; valeur neuf livres. (Z. 5). Arg. TB. *Pl. V.*

333 — Trois autres exemplaires. Arg. TB.

334 20 réaux de Joseph Napoléon, 1811. Même type. Arg. TB.

335 Bank token de five shillings de Georges III, 1804. Même type. Arg. TB.

336 Découpure centrale, carrée, dentelée du centre d'un peso, contremarquée d'un G rayonnant ; valeur, 20 sous. (Z. 6). Arg. TB. *Pl. V.*

337 — Autre exemplaire. Arg. TB.

338 Morceau provenant des côtés d'un peso découpé, les coupures cannelées, contremarqué deux fois d'un G couronné ; valeur, 2 livres 5 sous. (Z. 7). Arg. TB. *Pl. V.*

339 Moco triangulaire à coupure dentelée contremarqué trois fois d'un G couronné ; valeur, 2 livres 5 sous. (Z. 8). Arg. TB. *Pl. V.*

340 — Deux autres exemplaires. Arg. TB.

341 12, 6 sols de Louis XV contrem. d'un G couronné ; valeur, 20, 10 sols (Z. 10, 11). Arg. 2 p. B. et TB. *Pl. V.*

342 1/3 d'écu de France, 1721, schilling, 6, 3 pence et petite pièce fruste, même contremarque, parfois suspecte. Arg. 7. p.

343 Sol des colonies, 1767, contremarqué RF. (Z. 17). Pièces de cuivre contremarquées G ou G couronné. 9 p. B. et TB.

344 Essai fr. en piéfort des bons de 1 fr. et de 50 cent. par A. Patey, 1903 (Z. suppl. p. 13). Maillechor. 2 p. FDC.

345 Essais de ces mêmes pièces. Arg. 2 p. FDC.

346 — Mêmes p. Essais et fr. courantes. Maillechor. Bon pour 1 fr. 1921. — Ens. 5 p. TB. et FDC.

347 Cercle du commerce ; 16, 8, 4, 2 gourdes, 1 doublon, 1/2, 1/4, 1/8. (Z. 20 à 27). Reproductions. C. Série au monogramme 1, 1/2, 1/4 gourde. C. et Et. 11 p. — Ens. 19 p. B. et TB.

348 *Dominique*. Monnaie de nécessité d'un Bit. Coupure ronde du centre d'un peso espagnol dentelée de 16 dents et contremarquée d'un D et d'une étoile. Arg. TB. *Pl. V.*

349 *Montserrat*. 2 sous de Cayenne contremarqués M. C. 4 p. 1/2 réal contrem. M et 4 couronnés. Arg. (Z. supplément, p. 24). — Ens. 5 p.

350 *St Martin*. Coupure triangulaire de peso, contremarquée de ST MARTIN et d'un faisceau de flèches (emblème des Provinces-Unies). Arg. TB. Rare. *Pl. V.*

351 — Deux autres exemplaires. Arg. TB.

352 *St Barthélemy*. Posséssion Suédoise. 2 réaux, shilling, 2 sous de Cayenne, contremarqués d'une couronne. Arg. 3 p. C. 6 p. B. et TB.

353 Cent des Etats Unis, 1798 portant la même contremarque. C. TB. *Pl. V.*

354 *Antilles Danoises*. 20 francs ou 4 daler de Christian IX, 1904. Or. FDC.

355 1905. 2, 1 fr., 50 bit. Arg. 25 bit. Nickel. 10, 5, 2 1/2 bit. Br. 7 p. TB.

356 *Nevis*. 2 sous de Cayenne contrem. NEVIS. *Divers*. 2 sous contrem. S. M, S. K, H, S. Segment de peso. Petite pièce d'argent contrem. 7. — Ens. 8 p.

357 *Jeton* de la Cie d'assurances les Antilles, 1852 (Gauvin 139). Arg. TB. Rare.

358 — Même pièce en étain. B. Rare.

359 Jetons de la Banque de la Guadeloupe et des usines centrales. Arg. et Bronze. 4 p. TB.

360 *Médailles.* Prix d'agriculture de la Guadeloupe. Exposition, 1882. Arg. 11 p. TB.

361 Médailles diverses, jetons-monnaie, papier-monnaie concernant les Antilles.

362 *St Domingue.* REPUBLIQUE FRANÇAISE. La République debout. ℟. COLONIE DE SAINT DOMINGUE. Au centre, DEUX ESCALINS. (Z. 80). Arg. TB. Rare. *Pl. V.*

363 Un escalin. Même type (Z. 81). Arg. FDC. Rare. *Pl. V.*

364 — Demi escalin. Même type, avec COLONIES. (Z. 82). Arg. FDC. Rare. *Pl. V.*

365 Deux, un escalin (Z. 80, 81). Mal conservés. Reproductions de ces mêmes pièces et du décime de l'an 8. Plomb. Petite pièce d'argent contremarquée d'une ancre et d'un C. (Voir article de Zay dans la Num. Circular, juin 1902). — Ens. 6 p.

366 Deux sols de Louis XVI de fabrication grossière, attribué à St Domingue. Sol aux balances, 1793 (Z. 84). Br. 3 p.

367 Sol aux balances, 1801 (Z. 85). Br. 2 p.

368 Décime, an 8 (Z. 86). C. TB.
Ex. Collection du Prince d'Essling.

369 Pièce fruste, 5 cent. contremarqués S. D. (Z. 83). Autres, avec N S D en creux (Z. 87) ou N. Br. 7 p.

370 *Haïti.* Dessalines (Jacques I). La Liberté debout. ℟. Chiffre sur un écu couronné. 30 sous, 1808. Arg. TB. Rare. *Pl. V.*

371 — 15 sols (2 p. variées); 7 sols 6 deniers. Même type, 1807. Arg. 3 p. B.

372 — 15 sols (3 p.) et 7 sols 6 deniers, 1808. Arg. Pièces de cuivre contremarquées I. S. D. et H. — Ens. 7 p.

373 Henri Christophe. Liberté assise. ℟. Chiffre sous une couronne. 30 sols, 1808. Arg. FDC. *Pl. V.*

374 — 15 sols. Même type. Arg. FDC.

375 — 7 1/2 sols. Même type. Arg. FDC.

376 Une centième, buste de face coiffé d'un grand chapeau, 1807. Essai, 1812 HENRICUS DEI GRATIA HAITI REX. Br. 2 p. TB. et FDC.

377 Pétion. 25, 12, 6 cent. Trophée surmonté du bonnet, an 10 à 13. Arg. 25 p. B. et TB.

378 — 25, 12 cent. an 14. Tête à g. Arg. 34 p. B. et TB.

379 Boyer. 100, 50, 25, 12, 6 cent. dates diverses. Arg. ou Bill. d'arg. 46 p. B. et TB.

380 40 macutas, contrem. F. E. sous une couronne. Monnaies diverses et quelques essais. Br. Nickel. 113 p.

381 1 gourde au buste de la République d'Haïti, par Roty, 1881, 82, 87. 50, 20, 10 cent. Même type. Arg. 11 p. TB. et FDC.

382 Cercle des Philadelphes. Buste de Louis XVI à dr. ℞. EXERCET SUB SOLE LABOR. Ruche. A l'ex. CERCLE DES PHILADELPHES. Arg. 30 %.

383 — Même type, daté 1788 à l'avers. ℞. A l'ex. CERCLE DES PHILADELPHES ETABLI AU CAP 1784. Arg. 32 %. Arg. TB.

384 — Même p. Br. Autre, fr. postérieure. Arg. — Ens. 2 p. TB.

385 Médailles et clichés. Bustes d'Henri Christophe, Faustin I, Pétion, Boyer. Prix de concours général, etc. Br. Et. Nickel. 22 p.

Orient latin

386 **Chypre.** *Huges I.* Besant concave en bas or. (Schlumberger VI, 3). B.

387 *Henri I.* Besant concave en bas or. (Schlumberger VI. 6 var.) B.

388 *Henri II.* Gros. (Schl. VI. 20, 21). Arg. 8 p. variées, dont 1 trouée. B. et TB.

389 Demi-gros. (Schl. VI. 22). Arg. 2 p. B.

390 *Huges IV.* Gros. (Schl. VI. 24). Arg. 8 p. variées. B. et TB.

391 Demi-gros. (Schl. VI. 25). Arg. 3 p. variées. B.

392 *Pierre I.* Gros. (Schl. VI. 27, 28). Arg. 3 p. variées.

393 *Pierre II.* Gros (3 p.) et demi-gros (Schl. VII. 6). Arg. 5 p. B. et TB.

394 *Jacques I.* Gros. (Schl. VII. 7 var.). Arg. B. Rare. *Pl. V.*

395 *Jean II.* Gros. (Schl. VII. 14). Arg. TB.

396 Sixain. *Jacques II.* Sixain. **Antioche.** *Boémond IV.* Deniers. **Jérusalem.** *Baudouin II.* Denier; troué. — Ens. Arg. 3 p. C. 2 p.

397 **Tripoli.** *Raymond II.* Sixain. *Boémond VI.* Gros. *Boémond VII.* Gros, 1/2 gros et sixain. — Ens. Arg. 3 p. C. 2 p. B. et TB.

398. **Rhodes.** *Hélion de Villeneuve. R. Bérenger. R. de Juilly. P. de Corneillan.* Gros. Arg. 4 p. B. et TB.

399 **Malte.** Emm. de Rohan. Petit écu, 1776, 96. Arg. 2 p. B.

Divers

400 **Egypte.** Billons datés 1203 de l'hégire, 10 p. 10, 5, 2 piastres, 1916. Arg. 10, 5, 2, 1 millièmes. Nickel, 5, 1 fr., 50, 20 cent. du canal de Suez. C. — Ens. 22 p. TB.

401 *Médailles* concernant le transport et l'érection de l'obelisque de Louqsor, 1836. Arg. 2 p. Br. 7 p. TB.

402 Médailles et plaquettes par Vernier : Abbas Hilmi II, Fouad I. 70 %. Plaquettes de la fondation du musée de Boulaq, de l'Institut Français d'archéologie, etc. Br. 8 p. TB.

403 — Plaquettes fondues : Dr Brossard, J. de Morgan, Urbain Bouriant. Plaquettes en galvano : G. Maspéro, Emile Chassin, Commandant Berger, Abel Courbe. Br. 7 p. TB.

404 Médailles et jetons divers. Arg. 2 p. C. 11 p. TB.

405 **Ethiopie.** *Ménélick.* Double wark. Buste à dr. ℞. Le lion abyssin. Or. FDC. Rare. *Pl. V.*

406 Demi wark. Même type. Or. FDC.

407 — Autre, coin varié. Or. FDC.

408 Quart de wark. Même type. Or. FDC.

409 Talari, 1/2, 1/4, 1/8. Buste à dr. ℞. Le lion abyssin; signé LAGRANGE. Arg. 4 p. dans un écrin timbré EMPIRE D'ETHIOPIE 1894.

410 Talari, 1/2, 1/4, 1/8, 1/16. Arg. 5 p. TB. et FDC.

411 Talari, 1/2, 1/4, 1/16. Arg. 17 p. 1/25, 1/50, 1/100 de Talari. Br. 17 p.

412 Talari. Même type, signé au revers J. C. CHAPLAIN. Arg. FDC.

413 — Même pièce. 1/2, 1/4, 1/16, même type, non signé. Arg. 4 p. Essai uniface du Talari précédent. Br. — Ens. 5 p. TB.

414 *Harrar.* Monnaies diverses. Pièces turques ayant eu cours au Harrar (?) Bill. et C. 75 p. *Choa.* Arg. 3 p.

415 **Congo belge.** 5, 2, 1 fr., 50 cent. Arg. 8 p. Divisions. Br. Nickel, 14 p.

416 *Médailles* diverses concernant le Congo. Insignes TRAVAIL ET PROGRES. Arg. Br. Et. 28 p.

417 **Amérique.** *Etats-Unis.* Dollar de l'Exposition de St Louis, commémoratif de l'achat de la Louisiane, 1903. Or. FDC.

418 Dollar de l'exposition de San-Francisco, 1915. Or. FDC.

419 1/4 dollar, 1871. Or. Dollar Lafayette, 1900. Dollars, 1921, 1922. Huguenot 1/2 dollar, 1924 (2 p.). 1/2 dollar commémoratif de l'indépendance, 1926, 1/2, 1/4, 1920. Dime, 1916, 1920. Arg. 11 p. 5 cent. Nickel. 1 cent. Br. — Ens. 12 p. TB.

420 *Médailles* des expositions de Philadelphie, Chicago, St Louis, San Francisco; fondation Carnegie, etc. Arg. 2 p. C. et Pb. 54 p. TB.

421 Statue de Jeanne d'Arc à New-York, 1915. Br. Hommage à Jeanne d'Arc, New-York, 6 Janvier 1919. Arg. et Br. Plaquette DEDICATIO OF IOAN OF ARC PARK. Plaquette. Arg. et Br. — Ens. 5 p. TB.

422 *Uruguay*. Peso, 50, 20, 10 cent. Arg. 40, 20, 5, 4, 2, 1 cent. C. *Mexique*, *République Dominicaine*, *Araucanie*. Monnaies et tokens. Arg. Nickel. C. — Ens. 25 p.

423 *Médailles* et jetons concernant la République Argentine, le Mexique, le Pérou, etc. Arg. Br. Et. 53 p.

424 **Lot** de *monnaies diverses* et de doubles. Arg. C. et Pb.

425 2, 1 fr. 1914. Castelsarrasin. Arg. 2 p. TB.

426 **Monnaies d'échange**. Cartouches évaluées par rapport au Talari d'Abyssinie. Blocs de sel servant pour les échanges dans la région de Tombouctou.

427 Monnaie Boubou, première forme du couteau de jet. N'ayant cours que dans cette tribu.

428 Fers de flèches ayant cours chez les Boubous et servant sur les marchés indigènes pour les achats de vivres.

428 *bis* *Quindjas* ayant cours dans le Haut Oubangui, usitées par les Yakomas, Dendys, Sangos, Bourakas, Banziris et Boubous. La quindja sert au recouvrement de l'impôt et sa valeur a été fixée par l'Administration à 0 f. 20. 100 quindjas représentent la valeur d'un fusil à piston ou d'un esclave.

429 Epingles à cheveux ayant cours chez les Azandés ou Nyam-Nyam. Sert de monnaie courante d'échange entre femmes.

430 *Aïté*, fer brut. Monnaie employée par les tribus du Dar Fertit (Gollos, Gabous, Biris, Kreichs). 150 aïtê valent un esclave.

430 *bis* — Fer de lance fabriqué avec un aïtê. 100 fers de lance valent une esclave.

431 Cercle du Konian. Koukomou de Dinkole dongou. Valeur de l'unité, 1 fr. cours variable ?

432 Guinzés du cercle de Beyla, de Kissi. Grand lot.

433 *Sombès* de la région de Gouzo. Valeur 0.05 (cours variable).

434 *Région de l'Oubangui*. Echantillons de perles, boules, boutons, etc., ayant cours dans la région.

435 Bracelets, fers de hache ayant cours dans le Laos. Pahang ' pewter money '.

436 Collection de poids et fétiches de la région du Bénin. Br. 15 p.

437 Intéressante collection de papier-monnaie émis dans les Colonies Françaises pendant et après la guerre de 1914-18.

MÉDAILLES ET JETONS

Concernant l'histoire de la France sur mer et au-delà des mers

438 1643. *Victoire navale de Carthagène.* Buste de Louis XIV. ℞. Trophée naval et vue de la bataille. 62, 41, 21 m/m. 1646. *Prise de Rosas.* 41 m/m. 4 p. Br. TB.

439 1646. 1658. *Prise et reprise de Dunkerque* (3 p.). 1660. *Citadelle de Marseille* (2 p.). Br. 41 m/m. 5 p. TB.

440 — *Paix des Pyrénées.* 1663. *Captifs d'Afrique délivrés.* 1664. *Commerce aux Indes.* 1665. *Navigation organisée.* Br. 48 m/m (1 p.), 41 m/m (3 p.). TB.

441 — *Madagascar.* Zébu près d'un ébénier. Br. 41 m/m. Autres, variétés 47 m/m. Br. argenté et Pb. B. et TB.

442 1666 *Secours aux Hollandais* ; *Anglais chassés de St-Christophe ; Port de Rochefort ; Port de Cette.* Br. 41 m/m. 4 p. TB.

443 1670. *Colonisation Britannique.* Bustes accolés de Charles II et de l'infante Catherine de Bragance. ℞. Globe terrestre (Méd. Pl. I. 546. 203). Arg. 45 m/m. TB.

444 1668. *Paix d'Aix la Chapelle.* 1671. *Dunkerque fortifié.* 1672. *Victoire navale.* 41 m/m. 1673. *Victoires navales.* Neptune détruisant une forteresse à coups de trident. 50 m/m. — Ens. 4 p. Br. TB.

445 1675. *Vains projets des Hollandais.* La France assise sur un rivage où jouent deux Amours reste tranquillement indifférente à la vue de la flotte ennemie. Arg. 41 m/m. TB.

446 — *Les Hollandais repoussés à la Martinique* (2 p.) *Messine secourue* (2 p.). Br. 41 m/m. TB.

447 1676. *Reprise de Cayenne.* BATAVIS CAESIS. Neptune dans son char tenant le drapeau fleurdelisé. 41 m/m. Arg. et Br. 2 p. TB.

448 *Bataille navale d'Agosta.* Buste de Louis XIV à dr. ℞. Victoire sur une colonne rostrale ornée d'un trophée. 68 m/m. Très belle médaille en bronze à reliefs dorés. Rare.

449 — Même type ; *Victoire de Palerme.* 1677. *Prise de Tabago* (2 p.) et la flotte Hollandaise détruite. Br. 41 m/m. 5 p. TB.

450 1678. *Traité de Nimègue.* Caducée sur un foudre. 68, 41 m/m. Br. 2 p. TB.

451 1680 *Port de Toulon; Levée de matelots.* 1681. *Port de Brest; Défaite des corsaires à Tripoli.* 1683. *Bombardement d'Alger; Gardes de la Marine.* Br. 41 m/m. 6 p. TB.

452 1684. *Paix avec Alger.* Buste de Louis XIV à dr. ℟. CONFECTO BELLO PIRATICO. L'ambassadeur d'Ager aux pieds du roi. A l'ex. AFRICA SUPPLEX M. D. C. LXXXIV. 72 m/m. Belle médaille en bronze à reliefs dorés. Rare.

453 — Même type. Buste à g. Arg. 53 m/m. TB.

454 — Même type. Buste à dr. 41, 37 m/m. Br. 2 p. TB.

455 — *Bombardement de Gênes* (Van Loon III. 282. 1). Et. 57 m/m. Même évènement; 41 m/m. 1686. *Réception des envoyés du Siam.* 1688. *Quarante galères à Marseille.* — Ens. 1 p. Et. 3 p. Br. B. et TB.

456 1688. *Médaille satirique* sur l'alliance avec les Turcs. SOLIMAN III. LVDOV : XIIII. MEZOMORTO. IACOBVS II. Les Alliés prêtant serment sur un autel. A l'ex. CONTRA CHRISTI ANIMUM. ℟. IN FŒDERE QUINTUS. Lis courbés sous un croissant; au-dessus, le diable armé. A l'ex. 1688. (Van Loon. III. 347. 3). Arg. TB. Rare.

457 GALLIA SVPPLEX. Le Grand Roi aux pieds de Barbaresques enturbannés. A l'ex. VIRO IMMORTALI. ℟. AMIC : TVRCA AMICI ALGERINI AMICI BARBARI CHRISTIANORVM OSOR ET HOST. (Van Loon III. 404. 2). Arg. TB. Rare.

458 1689. Médaille satirique sur les traités avec le Pape et le Dey. SE IPSISSIMO. Une bombe fleurdelisée éclate. A l'ex. IMP : GALLIC. ℟. NECESSITATI NE QUIDEM DII RESISTUNT. Le roi rendant un lavement que le Pape vient de lui donner et vomissant des pièces d'argent dans un pot tenu par le Dey. A l'ex. LVD : M. XIV DIT : LEGAT : IMMVNITA, etc. (Van Loon. III. 428). Arg. 48 m/m. TB. Rare.

459 1690. *Québec délivré.* Buste de Louis XIV. ℟. La France assise. Br. 41 m/m. Refrappe de l'époque Restauration. TB.

460 — *Victoire sur les côtes anglaises; Quinze galères sur l'Océan.* Br. 2 p. TB.

461 1692. *Bataille de la Hogue.* Buste de Guillaume III. ℟. NUNC PLURIBUS IMPAR. Combat naval. Tranche inscrite. (Van Loon. IV. 104. 2). Arg. et Br. 39 m/m. Bustes accolés. ℟. IGNIBVS IMPAR. Le 'Soleil Royal' en flammes (Van Loon IV. 106. 4). Arg. 25 m/m. — Ens. 3 p. TB.

462 NON ILLI IMPERIVM SED MIHI SORTE DATVM. Neptune frappe de son trident Louis XIV. ℟. Victoire sur une galère aux armes de France et de Hollande. Tranche inscrite. (Van Loon. IV. 98 3). Arg. 53 m/m. TB.

463 Buste de Guillaume III et statues des amiraux vainqueurs. ℟. Renommée et Victoire aux côtés d'une tablette sur laquelle l'Histoire assistée du Temps a écrit VOTA ORBIS. CLASS GALL. etc. Tranche inscrite. (Van Loon. IV. 98. 4). Arg. 45 m/m. B.

464 1693. *Famille royale* (Betts. n° 75 French Indian medal). Br. 41 m/m. B.

465 — *Encouragement aux marins; La marine florissante.* 1694. *Victoire près de Brest; La France pourvue de blé.* Br. 41 m/m. 4 p. TB.

466 — *Victoire de Palamos.* 68 m/m. Coin cassé. 1695. *Dnnkerque garantie; Prises faites par les armateurs.* 1696. *Victoire du Texel.* 41 m/m. Br. 4 p. TB.

467 1697. *Prise de Barcelone; de Carthagène en Amérique; la France invincible; paix de Ryswick* (3 p.). Br. 41 m/m. 6 p. TB.

468 Bnste de Guillaume III. ℟. PAX ORBIS TERRARUM. Globe. Arg. 25 m/m. 1700. *Commerce.* Br. 41 m/m. 1702. *Vigo.* (VL. IV. 363. 3). Arg. 35 m/m. 1704. *Malaga.* Br. 41 m/m. — Ens. 4 p. TB.

469 — *Prise de Gibraltar.* Buste d'Anne à g. ℟. MARIS IMPERIVM ASSERT PORTV GIBRALTAR CAPTO CLASSE GALL FVGATA. Neptune donnant à Britannia un trident et une couronne. (VL. IV. 454. 2). Arg. 43 m/m. Tranche inscrite. TB.

470 — DIVES TRIVMPHIS ANGLIA. Britannia assise au pied d'un palmier auquel sont suspendus trois boucliers à inscriptions de victoires; au fond Gibraltar. (VL. IV. 454. 3). Arg. 39 m/m. TB.

471 — *Gibraltar et Malaga* (VL. IV. 454. I). 1708. *Tentative contre l'Ecosse* (VL. V. 100. 5). Br. 40 m/m. 2 p. TB.

472 1713. *Paix d'Utrecht.* Buste d'Anne à g. ℟. COMPOSITIS VENERANTVR ARMIS. Britannia debout. A l'ex. MDCCXIII. (VL. V. 230. 2). Or. 34 m/m. TB.

473 — Même lég. Britannia assise (VL. V. 230. 1). Arg. 55 m/m. TB.

474 EVROPAE PAX REDDITA. La Paix ferme la porte du Temple de Janus. ℟. L'Europe assise. (VL. V. 227. 2). Arg. 46 m/m. TB.

475 -- Pièces semblables au 472, Arg. et Br. et au 473, Br. Médailles 41 m/m. au buste de Louis XIV. Br. 1715. Jeton d'argent au buste de Jean V de Portugal, sur le même sujet. — Ens. 6 p. TB.

476 *Lot* de médailles diverses du règne de Louis XIV, certaines refrappées. Arg. 4 p. Br. 25 p. Pb. ou Et. 11 p.

477 1720. *Fondation de Louisbourg*. Buste de Louis XV. ℟. Vue de Louisbourg. Br., reliefs dorés. 41 m/m. TB. Rare.

478 1721. *La Guadeloupe fortifiée*. 41 m/m. Arg. (refr.) et Br. 2 p. TB.

479 1721. *Réception de l'ambassadeur Turc*. 1724. *Médiation* entre la Russie et la Turquie. 1728. *Bombardement de Tripoli*. 41 m/m. 1733. *Compagnie des Indes*. 58 m/m. — Ens. 5 p. Br. B. et TB.

480 1747. *Victoire anglaise au cap Finistère*. Buste à g. de l'amiral Anson couronné par une Victoire. ℟. Victoire sur un lion marin. 42 m/m. Arg. et Br. 2 p. TB.

481 1740 *Paix d'Aix la Chapelle*. Buste de Louis XV. ℟. La Paix assise de face. Arg. 41 m/m. TB. Même sujet; buste de Georges II. Br. 40 m/m. — Ens. 2 p. TB.

482 1750 *Prise de Masulipatam*. Ecu de la Compagnie des Indes au bord de la mer. Au bas, REG. LUD. XV. MDCCL. ℟. Vue de la ville. Arg. 36 m/m. B.

483 1758. *Prise de Louisbourg* par l'Amiral Boscawen (Betts 403, 410). Br. 2 p. TB.

484 — *Victoires Anglo-américaines*. Buste de Georges II à g. ℟. FŒDUS INVICTUM. Britannia, l'Amérique et la Justice, tout autour, noms de victoires et de vainqueurs. (Betts 416). Arg. 43 m/m. TB.

485 — *Bataille de Plassey*. (Med. Ill. II. 683. 400). *Prise de Gorée*, par l'amiral Keppel. (Med. Ill. II. 691. 145). Br. 39 m/m. 2 p. TB.

486 1759. *Prise de la Guadeloupe*, par le commodore Moore et le général Barrington. (Betts 417). Arg. et Br. 38 m/m. 2 p. TB.

487 — *Prise de Québec*. Buste de Georges II à g. ℟. Ecu portant un lis renversé entouré de PERFIDIA EVERSA. Tout autour, noms de victoires. (Betts 418). Autre; coin du revers précédent. ℟. du n° 484 (Betts 419). Br. 43 m/m. 2 p. TB.

488 — Tête de Britannia à g. Trident, enseigne. SAVNDERS, WOLFF de chaque côté. ℟. Victoire couronnant un trophée. (Betts 421). Arg. et Br. 39 m/m. 2 p. TB.

489 1760. *Conquête du Canada*. Buste de Georges II à g. ℟. CANADA SUBDUED. Femme en pleurs sous un pin (Betts 430). Br. 38 m/m. TB.

490 1761. *Prise de Belle Ile*. Buste de Georges III à g. ℟. INSTAT. VI. PATRIA. Vue de l'île. A l'ex. CALONESUS. CAPTA VII. IVNII MDCCLXI. Arg. 39 m/m. TB. Rare.

491 — *Prise de Pondichéry*. Buste de Georges III. à dr. ℞. TOTAL EXPULSION OF THE FRENCH FROM INDIA. Victoire inscrivant sur un bouclier COOTE STEEVENS. Arg. et Br. 38 m/m. 2 p. TB.

492 1763. *Paix de Paris*. Tête au bandeau de Louis XV, signée FM. ℞. La Paix debout près d'un guerrier lié sur un trophée. (Betts 444 var.). Arg. 41 m/m. TB.

493 1770. *Réunion de la Corse à la France*. Br. 63 m/m. s. d. *Médaille satirique* allemande sur la banque de Law. 23 m/m. — Ens. 2 p.

494 1772. *Cook*. 2e voyage. Buste de Georges III à dr. ℞. RESOLVTION ADVENTVRE. Les deux vaisseaux. A l'ex. SAILED FROM ENGLAND MARCH MDCCLXXII. (Betts 552). Arg. 42 m/m. TB. Rare.

495 S. d. Buste de Cook à g. ℞. La Fortune deb. à g. (Betts 553). Arg. et Br. 42 m/m. 2 p. TB.

496 1776-1781. *Indépendance des Etats Unis*. LIBERTAS AMERICANA 4 JUIL. 1776. Buste de la Liberté à g. ℞. Minerve protégeant Hercule contre un léopard. A l'ex. : 17 OCT. 1777. 19 OCT. 1781. (Betts 615). Arg. et Br. 46 m/m 2 p. TB.

497 — Siège de Boston, Cowpens, Washington (Betts 542, 544, 594, 595). Br. 5 p. (certaines refrappées). TB.

498 Lafayette. Médailles diverses, 1789, 1830 et s. d. Arg. 1 p. Br. 3 p. Et. 1 p. TB.

499 1783. *Siège de Gibraltar*. Buste d'Eliott à g. ℞. Vue de l'attaque. Br. 40 m/m. Rare. Autre; buste à dr. Et. et petite médaille hollandaise en br. sur le même sujet. — Ens. 3 p. TB.

500 — *Traité de Versailles* (Betts 608). Br. (Betts 610). Et. (Betts 612). Arg. Liberté des mers; jetons au buste de Louis XVI. Arg. (2 p.) et C. — Ens. 5 p. TB.

501 1784. *Suffren*. Méd. des états de Provence. 48 m/m. 1785. *Frégates la Boussole et l'Astrolabe*. 58 m/m. *G. B. Rodney*. s. d. (2 p.). — Ens. 5 p. Br. B. et TB.

502 1792. *Soumission de Tippoo* à Cornwallis 1794. *Amiral Howe*. Victoire d'Ouessant (1st of June). Br. 4 p. Et. 1 p. TB.

503 1796. *Sir Henry Trollope*. Helvoetsluys. 1798. *Victoires navales anglaises*. Buste de Georges III. *Warren*. Tory Island. Br. 3 p. TB.

504 An 6. *Bonaparte*. LA FRANCE LUI DEVRA LA VICTOIRE ET LA PAIX. (2 p.) Br. Les pyramides. Et. uniface et méd. de Bovy. An 7. Conquête de la Haute Egypte. Conquête de la Basse Egypte. Arg. et Br. — Ens. 3 p. Arg. 6 p. Br. 1 p. Et. TB.

505 L'Egypte conquise. Buste de Bonaparte de face. Arg. et Br. 41 %. 2 p. TB.

506 *Aboukir*. Lord Nelson. Br. 4 p. Et. 2 p. TB.

507 1799. *Amiral Howe. Lord Spencer. Napilone Buonaparte*, méd. anglaise. *Retour d'Egypte. Sidney Smith*. Défense d'Acre. *Kléber*, *Morand*. — Br. 6 p. Et. 5 p. TB.

508 1800. *Engagement entre la " Constellation " et la " Vengeance "*, à l'Ouest de Porto-Rico. Buste à g. de Th. Truxtun, commandant la Constellation. ℞. Deux navires. A l'ex. BY VOTE OF CONGRESS TO THOMAS TRUXTUN 24 MAR. 1800. Br. 57 %. TB.

509 1801. *Traité de Lunéville*. Buste de Bonaparte. Arg. et Br. 40 %. 2 p. TB.

510 HEIL DEM FRIEDEN... Méd. de Loos. Arg. Preliminaries of peace. Arg. et Br. — Ens. 4 p. TB.

511 — *Abercromby*. Bataille d'Alexandrie. Son buste à dr. ℞. NA FIR A CHOISIN BUAIDH SAN EPHAIT. Highlander arrachant à un soldat un drapeau. Arg. 47 %. Tr. inscrite. TB.

512 — Même pièce, tr. lisse. Arrivée en Egypte. Mort d'Abercromby; son buste et autre au buste de Lord Keith. *Lord Hutchinson*. L'Egypte délivrée. — Ens. 6 p. Br. 1 p. Et. TB.

513 An 9. *Expédition de découverte*. Buste de Bonaparte. ℞. LES CORVETTES LE GEOGRAPHE ET LE NATURALISTE COMMANDEES PAR LE CAPITAINE BAUDIN. Br. et Br. doré. 36 %. 2 p. variées. TB.

514 — Mêmes p. Br. 2 p. variées. TB.

515 1802. *Paix d'Amiens*. Bustes des trois consuls. 67 %. Buste de Bonaparte. 48 %. Br. 2 p. TB.

516 — La Paix au-dessus des mers par Neus. Arg. Médailles anglaises Br. et Et. — Ens. 5 p. TB.

517 1804. *Escadre française repoussée*, méd. de Mudie. 1805. *Sydney Smith*. COEUR DE LION. Br. 2 p. TB.

518 — *Nelson*. Victoire de Trafalgar. Son buste à g. Méd. de Mudie. 40 %. Arg. TB.

519 — Même p. Mort de Nelson; buste à g.; monument. Médaille du " Foudroyant " (1897). — Ens. Br. 4 p. Et. 1 p. TB.

520 1809. *Prise de Cayenne*. Buste de Jean de Portugal. ℞. CAYENNA TOMADA A : OS FRANCEZES. Dans une couronne 14 JAN 1809. Arg. 49 %. Bélière.

521 — Même p. 1814. *Paix de Paris*. Méd. de Mudie. 1815. *Le Béllérophon*. Br. 5 p. Et. 2 p. TB.

522 1816. ***Bombardement d'Alger.*** Lord Exmouth. Arg. et Br. 40 $^m/_m$. Br. 58, 48, 27 $^m/_m$. — Ens. 5 p. TB.

523 1817. *Expédition* de la corvette l'Uranie (2 p. variées). 1818. *Hommage à L. A. de Bourbon* pour la victoire de Malaga. 1822. Alliance avec l'Amérique. 1820, 1826. ***Editions Panckoucke.*** Br. 6 p. Et. 1 p. TB.

524 1821. *Mort de Napoléon* à Ste Hélène. Buste à dr. ℞. Vue du rocher. 66, 50 $^m/_m$. Médaille commémorative de Thomason et Jones, etc. Br. — Ens. 8 p. B. et TB.

525 1822. *Voyage autour du monde* de la corvette La Coquille. Arg. et Br. 50 $^m/_m$. 1826. Voyage de découvertes de la corvette l'Astrolabe. Br. 50 $^m/_m$. — Ens. 3 p. TB.

526 1827. *Bataille de Navarin.* 1828. *Expédition de Morée.* s. d. *Cliché;* traite des nègres. Br. 7 p.

527 1830-1848. *Conquête de l'Algérie.* Prise d'Alger, 1830. Buste de Charles X. 51 $^m/_m$. Cte de Bourmont. 42 $^m/_m$. Famille royale. 23 $^m/_m$. Arg. et Br. 8 p. TB.

528 Mascara, 1835. Constantine, 1837. Occupation, 1838. Arg. 1 p. Br. 5 p. Pb. 1 p.

529 Passage des portes de fer, 1839. A la mémoire d'Achille de Lesparda, 1840. Arg. 1 p. Br. 2 p. 50 $^m/_m$ TB.

530 Mazagran, 1840. A l'armée d'Afrique. Arg. 1 p. Br. 10 p. Et. 2 p. B. et TB.

531 Bombardement de Tanger et Mogador, 1844. Arg. 2 p. Br. 6 p. B. et TB.

532 Bataille de l'Isly, 1844. Lettre au maréchal Bugeaud. Br. 7 p. dont 1 refr. TB.

533 Abd-el-Kader. Soumission, 1847. Médailles, 1848-49. Br. et Et. 44 p.

534 Mort du Maréchal Bugeaud. Arg. 1 p. Br. 3 p. TB.

535 *Prise de St Jean d'Ulloa; Le prince de Joinville* à Rio de Janeiro. *Isambert.* 1838. Br. 3 p. TB.

536 *Monument* à Saint-Louis. *Kléber.* Statue à Strasbourg. *Napoléon I.* Retour des cendres. 1840. *Mort* du duc d'Orléans, 1842. *Ch. de fer* et bateaux à vapeur, 1844. Br. et Et. 15 p.

537 *Voyages* de la Favorite, 1832, de l'Astrolabe et la Zélée, 1837. Mort de Dumont d'Urville, 1842 et monument, 1844. Br. 5 p. Et. 1 p. Galvano, bustes de Tourville, Suffren, etc.

538 1852-53. *Statue* de Bugeaud. Arg. 2 p. Br. 1 p. 50 $^m/_m$. TB.

539 — *Colonisation* en Algérie. *Pacification.* s. d. Br. Et. et clichés. 4 p.

540 — *Congrès de la Paix* à Londres, 1851. Arg. 51 %. Médaille satirique sur le *neveu de son oncle.* Et. *Amiral Buat*, cliché. Etc. — 4 p. TB.

541 1854. *Guerre de Crimée.* Alliance avec l'Angleterre ; Bomar-Sund ; Alma ; Balaclava ; Inkermann. Br. et Et. 30 p. TB.

542 1855. Traktir, Sébastopol, Kinburn. 1856. Paix de Paris. Br. 21 p. TB.

543 — *Baptême* du Prince Impérial. *Voyage* du Prince Napoléon et *ministère* de l'Algérie 1858. Arg. 3 p. Br. et Et. 4 p. B. et TB.

544 1860. *Fort de France.* Bassin de radoub. Arg. et Br. 2 p. TB.

545 1861. *Réception des ambassadeurs* du Siam. 72 %. Arg. et Br. 2 p. TB.

546 1860-62. *Expédition de Chine. Abd-el-Kader*, 1862. *Voyage* de L. L. M. M. en Algérie, 1860 et 1865. Br. et Et. 11 p. TB.

547 1863-67. *Mexique.* Puebla, 1863. Commission scientifique, 1864. Maximilien, 1867. Arg. 1 p. Br. 1 p. Et. 1 p. TB.

548 1856-69. *Canal de Suez.* Arg. 2 p. Br. et Et. 14 p. B. et TB.

549 — *Mort* du Maréchal Niel. 1870-71. *Diverses* médailles concernant les colonies. 1873. Les Colonies Françaises de *Santiago* et de *Philadelphie* à M. Thiers. 1876. *Conférences* pour la civilisation. 1885. *Courbet*, etc. Br. et Et. 19 p. B. et TB.

550 1888-88. *Canal de Panama.* Arg. 2 p. Br. 2 p. TB.

551 1891. *Jules Cambon*, préfet du Rhône nommé gouverneur de l'Algérie. Plaquette par Roty. Arg. TB.

552 1892-95. *Diverses* médailles concernant la Tunisie, le Dahomey, Madagascar, l'Alliance Russe. Arg. 3 p. Br. et Et. 18 p. B. et TB.

553 1899. *Mission Marchand.* Plaquette galvano par Vernier et médailles. Arg. Et. et Br. — Ens. 7 p. B. et TB.

554 — *Madagascar.* 1902-3. *Exposition d'Hanoï. Président Krüger* par H. Dubois. Br. Méd. sur la guerre des *Boeres*, 1900. Arg. — Ens. 8 p. TB.

555 *Université de Californie.* Buste à dr. de la fondatrice. ℟. THE INTERNATIONAL COMPETITION FOR THE PHOEBE HEARST ARCHITECTVRAL PLAN FOR THE VNIVERSITY OF CALIFORNIA. Bustes des jurés et vue de la cité. Plaquette de Roty. Arg. 62 × 80 %. TB.

556 1904. *Th. Delcassé.* Plaquette de G. Calvet. 42 × 50 %. Arg. et Br. 2 p. TB.

557 1905. *Philippe Bunau-Varille.* Projet du détroit de Panama. Belle plaquette de Chaplain. Arg. 60 × 76 m/m. TB.

558 — Même pièce. 94 × 120 m/m. Galvano double. C. argenté. TB.

559 1908. *Général Dodds.* Plaquette par Dupré. 1910. *Buenos-Ayres.* Exposition d'hygiène. 1910. *Aboukir*, plaquette de Patriarche. 1912. *P. Sabatier*, prix Nobel. Br. 4 p. 1911. *Agadir.* Kiderlen-Wachter. Arg. — Ens. 5 p. TB.

Divers

560 **Visites à la Monnaie de Paris.** *Ibrahim-Pacha*; *S. A. le Bey de Tunis*, 1846. Inscriptions arabes. Arg. 1 p. Br. 6 p. TB.

561 1883. *Schah de Perse.* 1897. *Roi de Siam; Mohammed Ben Moussa*, ambassadeur du Maroc. 1898. *L'Ambassade* de Menélick. 1902. *Ras Makonnen.* 1904. *El Hadi*, bey de Tunis. 1906. *Sisowath*, roi du Cambodge. 1912. *Mohammed-en-Naceur*, 1923, *Mohamed el Habib.* Arg. 3 p. Br. 8 p. TB.

562 **Expositions.** *Paris*, 1867, 1878, 1889, 1900. *Le Hâvre*, 1868, 1887. *Rouen*, 1896, par Roty. Etc. Arg. 1 p. Br. et Et. 22 p. B. et TB.

563 **Députés.** *Assemblées nationales*, 3 p. Br. et *session* 1881, Arg. au nom Gerville-Réache. 4 p. TB.

564 *Session* de 1893, au nom de César-Lainé. Arg. *Gaston Thomson.* Plaquette à son buste et médaille à son nom. Br. — Ens. 3 p. TB.

565 **Sociétés, Comités, etc.** *Alliance Française.* Médailles et insignes. Arg. 4 p. Br. et maillechor, 7 p. TB.

566 *Société de Géographie.* Congrès, 1875. Médailles aux noms de Franklin, Pavie, Gallois, Foureau, Lyautey, Gerbault. Arg. 1 p. Br. et Et. 6 p. TB.

567 *Société asiatique*, *Société sinico-japonaise*, etc. *Comité de l'Afrique Française.* Médailles aux noms de Mangin, Lyautey, Gouraud. *Fondation Lucien Reinach*, par G. Lemaire. *Union coloniale.* Plaquette de Prud'homme. Br. 9 p. TB.

568 *Congrès* de sociologie coloniale. *Propagation de la Foi. Ecoles d'Orient. Langues Orientales. Comité* des conseillers du commerce extérieur, etc. Br. Et. Galvano. 13 p.

569 *Comité Dupleix.* Buste de Dupleix à g. par Vernier. Plaquette 38 × 58 m/m. Br. 3 p. TB.

570 — Epreuve uniface de la plaquette précédente. Fonte. Br. 150 × 225 m/m. TB.

571 *Institut de France*. Passage de Vénus sur le soleil. Missions du cap Horn, du Talisman. *Paris*. A Savorgnan de Brazza. Br. 4 p. TB.

572 **Navigation**. *Compagnie Générale Transatlantique. Forges et chantiers* de la Méditerranée. Arg. 4 p. TB.

573 *Pupilles de la Marine*, 1862. *Messageries maritimes*. Plaquette au buste d'A. Lebon. *Divers*. Br. 5 p. Et. 2 p. TB.

574 **Ports**. *Le Hâvre*, 1844. *Brest*, 1859. *Calais*, 1889. Etc. Br. 8 p. TB.

575 *Stanley*, 1890, par Elinor Halle. Offert par la Royal Geographical Society. Fonte double. Br. 120 m/m. TB.

576 **Personnages**. *Savorgnan de Brazza*. Médaillon uniface par Ringel d'Ilizach. 1886. Fonte. Br. 176 m/m. TB.

577 *Gabriel Bonvalot*, *Michel Pacha*, par Vernier. *Norodom*, *Bobillot*, etc. Br. et galv. 8 p. TB.

578 **Guerre 1914-1918**. *Alsace*, par Prud'homme. Thann, 1914, 1919. Strasbourg, 1918. *Union des colonies*, 1915. *Pour la France*, de Morlon. *Clémenceau*, par Legastelois. Etc. Br. 14 p.

579 *Matinée* des croix de guerre, 1916. Arg. 63 m/m. TB.

580 *Submersibles* Armide, Antigone, Amazone. Arg. 60 m/m. 3 p. TB.

581 *Maréchal Liautey*, par Dropsy et par Vernier. *Mangin*, par Schwab. *Gouraud*, par Vernier. Br. 4 p. TB.

582 — Grand médaillon en deux pièces, épreuve d'auteur de la médaille du général Gouraud, par Vernier. Galvano. 220 m/m. TB.

583 *Médailles Belges* des Amis de la médaille. Yser et Ypres; Traité de Versailles; campagnes coloniales. Br. 3 p. TB.

584 *Offensive Britannique*, 1917. *Prise de Vimy* par les Canadiens. *Japon*. Hôpitaux en France. Traité de Versailles. Arg. 1 p. Br. 4 p.

585 *Etats-Unis*. Wilson, Pershing, Myron T. Herrick. Croix rouge Américaine en France; victoires, etc. Br. 11 p. TB.

586 Réception de Joffre, 1917. Médaillon à son buste; plaquette du mémorial Lafayette, etc. Br. Alum. Pb. 14 p.

587 Paix de Versailles, de l'American Numismatic Society. Arg. 63 m/m. TB.

588 — Même p. Indépendance day, 1918. American Red Cross à Richard Norton, 1917. To the city of Verdun, 1921. Andrew W. Mellon, 1924. Br. 6 p. TB.

589 Visite du Maréchal Foch, 1921. Buste de face. Arg. 64 m/m. TB.

590 — Même p. Victory golf medal. Indianapolis, Massachussets au maréchal Foch. Br. 4 p. TB.

591 *Médailles satiriques allemandes*. Die schwarze Schande, Weltblutpumpe, circenses, etc. Br. et Et. 19 p.

592 *Lot* de petites médailles, insignes, etc. Arg. Br. 40 p. environ.

593 **Traversée de l'Atlantique**. Cartes des deux hémisphères. Br. et Et. 73 et 51 %. 5 p.

594 Première traversée en avion, 1927. Médailles au buste de Lindberg. Plaquette, insignes. Br. 10 p.

595 Visite de Costes et Le Brix au continent Américain, 1928. Br. 7 p. TB.

596 **Lot** de médailles et refrappes.

Jetons

597 *Marine*, 1756, 1758, *Galères*, 1701, 1746. Arg. 6 p. B. et TB.

598 *A. de Maillé*, duc de Brezé, amiral. 1646. Arg. TB.

599 *Académie de marine*, 1778. Arg. 3 p. TB.

600 *Invalides de la marine*, 1773. *Don du clergé*, 1782. Arg. 3 p. TB.

601 *Pensions de la Marine*. Buste de Louis XIV. ℞. Navires et port (Vente Feuardent n° 274). Arg. B. Rare.

602 *Etats du Languedoc*, 1762. Don au roi du navire de 80 canons " le Languedoc ". Oct. Arg. TB.

603 *Vendeurs de poisson de mer*, 1613. Ecu de Chanteau. 1613. Arg. B. Rare. *Pl. V.*

604 *Messageries Maritimes*, 1851. *Cie Gle Transatlantique*, assemblée des actionnaires, la Provence. Arg. 5 p. TB.

605 *L'Océan*, assurances maritimes (G. 328). Oct. Arg. TB.

606 *Union des Ports*, assurances maritimes. (G. 491). Oct. Arg. TB.

607 *Courtiers de commerce*, Louis XVIII. Arg. *Colons-explorateurs*. Arg. et Br. 3 p. TB.

608 *Divers*. Prud'homme pêcheur, 1812. Comptes de M. Fonvielle. Compagnie baleinière, etc. Galères, marine. Et. 2 p. C. 24 p. Arg. 1 p., quelques refrappes.

609 *Personnages*. Colbert, Samuel Bochart, par Dassier. Alleaume, doyen de la Faculté de médecine de Paris. Arg. 2 p. C. 2 p. TB.

610 *Bayonne*. Chambre de commerce, Louis XVIII. Autre, écu de la ville. Arg. 2 p. TB.

611 *Bordeaux*. Chambre de commerce, Louis XVI signé N. GATTEAUX. Arg. TB.

612 — Napoléon III signé CAQUE. F. ℟. Sans date. A. DUBOIS. Oct. Arg. TB.
613 La Garonne, la Gironde, l'Union Bordelaise. (G. 233, 237, 488). Arg. 3 p. TB.
614 *Dieppe*. Ch. de commerce, Louis XVIII. *Le Hâvre*. Ch. de commerce, Charles X, Louis Philippe, Trophée. Arg. 4 p. TB.
615 Compagnie d'assurances, Louis XVI, 1789. (G. 135). Oct. Arg. B.
616 Cie et chambre d'assurances, 1802, an 11. (G. 136). Oct. Arg. TB.
617 Apparaux maritimes (G. 151). Oct. Arg. TB.
618 L'Atlantique, 1868. (G. 55). Arg. TB.
619 Les Deux-Mondes (G. 184). Arg. TB.
620 Compagnie Commerciale d'Assurances. (G. 131). Arg. Le Globe. (G. 239). Br. 2 p. TB.
621 *Lorient*. Pour avoir donné à l'indigent... Br. *Lyon*. Cie de navigation mixte. Arg. 2 p. TB.
622 *Marseille* enrichie des trésors de l'Afrique. Oct. Arg. 2 p.
623 Cie de navigation Bazin, Léon Gay et Cie Arg. Ch. de commerce, 1927. Br. 2 p. TB.
624 *La Rochelle*. Chambre de commerce, 1754. Tête laurée de Louis XV, n. s. Arg. TB.
625 — Autres, non datés, signés *J C R* liés et *F M*. 1774, tête au bandeau de Louis XVI, signée DU VIV. Ch. de commerce de la Chte Infre, Louis-Philippe. *Rouen*. Société du commerce, an V. Arg. 5 p. TB.

Décorations et insignes

626 *Médaille coloniale*, par Georges Lemaire avec ruban. 2 p. Autres, avec barrettes sur le ruban ; réductions. — Ens. 11 p. Arg.
627 Barrettes : INDO-CHINE, CAMEROUN, DE L'ATLANTIQUE A LA MER ROUGE, etc. Arg. 7 p. TB.
628 — Grand lot de barrettes. Arg. 89 p. et 5 réductions.
629 *Expédition du Mexique*. Tête laurée de Napoléon III, non signée, avec ruban. Arg. Autre, sans bélière, Br. Même type, signé BARRE et modèle réduit. Arg. — Ens. 4 p. TB.
630 Tête de Maximilien. Arg. Décorations mexicaines. Arg. et Br. — Ens. 7 p.
631 *Chine*, 1860. *Tonkin*, *Chine*, *Annam*, 1883-85. Arg. et Br. 8 p. dont 4 réductions. TB.
632 *Madagascar*, 1883-86, 1895. *Soudan*. Avec rubans. Arg. 4 p. TB.

633 *Dahomey*. 2 p. et réduction. Arg. Médaille du roi Toffa. Arg. et Br. — Ens. 5 p. TB.

634 *Chine*, 1900-1901. *Maroc*. Arg. 3 p. avec rubans et barrettes et une réduction. TB.

635 *Crimée*, 1855. Médaille décernée par le Sultan aux troupes françaises. Ruban. Arg. TB.

636 Médaille anglaise de Crimée (réduction) de la *Baltique*, 1854-55; médailles navales, 1848 avec ALGIERS (Mich[l] Noble), GUADALOUPE MARTINIQUE (Thomas Hitchcock), NAVARINO ALGIERS TRAFALGAR EGYPT (John Devonshire). Arg. 5 p. TB.

637 *Madagascar*. Ordre du mérite de Radama II, croix de comman- et de chevalier. Médaille de mérite. Arg. 3 p. TB.

638 Ordre de Ranavalo, croix de commandeur et d'officier. Médaille du mérite Malgache, par Roty. Arg. et Br. 4 p. TB.

639 *Chine*. Ordre du Dragon, fondé en 1863 par l'Empereur de Chine pour les troupes Françaises qui réprimèrent la révolte des Taï-pings. Arg. TB. avec ruban. Rare.

640 *Cambodge*. Ordre royal. Médaille avec ruban (2 p.) et modèle réduit. Arg. 3 p. TB.

641 *Annam*. Pièce dite " song-long " de Thieu tri (voir le n° 156) avec cordonnet de suspension et franges de soie. Arg. TB.

642 Pièce dite " Van thê vinh lai " (voir n° 157) avec cordonnet de suspension en soie et franges de perles. Arg. TB.

643 Insigne de représentant du peuple, daté 1909, avec cordon et franges de soie. Arg. TB.

644 Insigne formé de deux plaques rectangulaires soudées ensemble. Dans un entourage de fleurons, légende annamite : " le régent de la cour d'Annam ". ℞. " le Ier ministre de la régence ". Or. 44 × 66 m/m. Cordon de soie.

645 Médaille militaire. Arg. *Indo-Chine Française*. Etoile bronze. Instruction Publique. Arg. et Br. Douanes. Arg. — Ens. 5 p. avec rubans. TB.

646 *Nouvelle Calédonie*. République de Desaide. Arg. *Ethiopie*. Insigne et médaille des chemins de fer au buste de Ménélick. Arg. doré et Br. — Ens. 5 p. TB.

647 *Maroc*. Ordre de fantaisie du Croissant Rouge, créé par Valensi. *Royaume de Sedang*. Croix et plaque du Mérite de Sedang, créé par Marie I. — Ens. 5 p. TB.

648 *Médaille de Ste Hélène*. 3 p. dont une dans la boîte originale et une réduction. Br. TB.

649 *Ministère de la Marine*. Médailles de sauvetage au buste de Louis Philippe. Arg. 41 et 43 ᵐ⁄ₘ. 5 p. TB.

650 — Autres ; RÉPUBLIQUE FRANÇAISE dans une couronne. 43 et 33 ᵐ⁄ₘ. Arg. 2 p. TB.

651 — Tête de Napoléon III. 33 ᵐ⁄ₘ. Tête de République. 27 ᵐ⁄ₘ. *Marine marchande*. Tête de République. 27 ᵐ⁄ₘ. Arg. 5 p. Br. 1 p. TB.

652 *Ministère de la Marine et des Colonies*. Médailles de sauvetage, tête laurée de Napoléon III. Arg. 43 ᵐ⁄ₘ. 3 p. TB.

653 — Même p. 33 ᵐ⁄ₘ. Tête nue et tête laurée. Arg. 3 p. TB.

654 — Tête de République par BARRE. 43 ᵐ⁄ₘ. Arg. 3 p. Br. 1 p. Et. 1 p.

655 — Même type. 33 ᵐ⁄ₘ. Arg. 10 p. TB.

656 *Ministère des Colonies*. Courage et dévouement, honneur et discipline. République de Roty. 28 ᵐ⁄ₘ. Arg. 6 p. Br. 1 p.

657 *Ministère de la Guerre*. Acte de courage accompli en Algérie, 1852. 51 ᵐ⁄ₘ. *Ministère de l'Algérie et des Colonies*. Projet de médaille de sauvetage. 28 et 43 ᵐ⁄ₘ. — Ens. 3 p. Br. TB.

658 *Guerre 1914-18*. Orient, Levant, Dardanelles. Décorations des alliés. Br. 10 p. avec rubans. TB.

659 *Divers*. Buste de Louis XVI. ℟. DONNÉ PAR LE ROI AU S[R] ETI[NE] CHARLET... pour un sauvetage près Cadix, 1782. Br. 42 ᵐ⁄ₘ. TB.

660 Médailles et insignes de Sociétés de sauvetages, associations diverses. Arg. et Br. 16 p.

Sceaux

661 Sceaux de la Compagnie des Indes. 3 p. dont 1 dans son étui. Marque en fer de la Compagnie royale d'Afrique.

662 Sceau du corsaire le Vautour de Bordeaux.

663 Sceau de représentant du peuple dans les Indes Orientales.

664 Sceaux et cachets divers. 11 p.

LIVRES

665 *Administration des Monnaies et Médailles.* Rapports au ministre des finances. 1896, 1900 à 1925. 20 vol. in-8, reliés toile, sauf 7 brochés.

666 *Atkins.* The coins and tokens of the possessions and colonies of the British empire. 1889. 1 vol. in-8 relié.

667 *Bonneville.* Traité des monnaies, 1806. 188 pl. Nouveau traité des monnaies, 1849. Nombreuses planches. 2 vol. in-fol. Rel.

668 *L. Bourdier.* Les ordres Français et les récompenses nationales, 1927. 1 vol. in-folio. Broché.

669 *Breton.* Histoire illustrée des monnaies et jetons du Canada. Guide populaire illustré. *R. W. Mclachlan.* The copper currency of the Canadian Banks. — Ens. 3 vol. in-8 reliés.

670 *Chalmers.* A history of currency in the British colonies, 1893. 1 vol. in-8 relié toile.

671 *Chaudoir.* Monnaies de la Chine, du Japon, de la Corée, d'Annam et de Java, 1842, in-folio, relié, 60 pl.

672 *A. Dieudonné.* Manuel de numismatique Française. Monnaies royales. 1916. 1 vol. in-8 relié.

673 *F. Feuardent.* Jetons et méreaux. Tome premier. 1904. 1 vol. in-8. Broché.

674 *Gillingham.* French orders, 1922. French colonial orders, 1928. *Von Heyden.* Ehrenzeichen, 1903. *La Légion d'honneur* et les décorations Françaises, Charles Mendel, 1911. *Sculfort.* Décorations du Musée de l'Armée, 1912. *Willey.* The order of military merit, 1925. — Ens. 6 vol.

675 *Ch. Florange.* Curiosités financières. 1828. 1 vol. broché.

676 *H. Hugon.* Emblêmes des beys de Tunis, 1913. 1 vol. in-4. relié.

677 *D. Lacroix.* Numismatique annamite, 1900. 1 vol. in-4 et un atlas de 40 planches. Reliés.

678 *Médailles sur les principaux évènements du règne de Louis le Grand.* Paris, Imprimerie royale, 1702. In-fol. maroquin rouge aux armes royales.

Les pages 273 et 274 manquent et sont remplacées par les pages 173 et 174. Tache d'encre sur un des plats.

679 *Ménestrier*. Histoire du roy Louis le Grand par les médailles... 1693. In-4. 64 pl. Relié veau.
680 *H. C. Millies*. Monnaies des indigènes de l'archipel indien, 1871. 1 vol. in-4 relié.
681 *Numismatic notes and monographs*. The American Numismatic Society, 1920 à 1928. 36 vol. illustrés, in-16.
682 *Schroeder*. Annam. Etudes numismatiques, 1905 et 91 planches. 2 vol. in-4 reliés.
683 *J. Silvestre*. Monnaies et médailles d'Annam. *Ed. Toda*. Annam and its minor currency. 2 vol. in-8, reliés.
684 *G. Tancred*. Historical record of medals and honorary distinctions, 1891. 1 vol. in-4. Relié.
685 *W. H. Valentine*. Modern copper coins of the Muhammedan States, 1911. The copper coins of India, part I, 1914. 2 vol. in-8 reliés.
686 *E. Zay*. Histoire monétaire des colonies Françaises, 1892 et supplément, 1904. 2 vol. in-8. Reliés.
687 *Lot* de brochures, catalogues de vente, Aréthuse incomplète. A diviser.

Médailliers

688 Deux médailliers en chêne renfermant 33 tiroirs de 30 × 39 cent. Hauteur, 1.22; largeur, 0.54; profondeur, 0.37.
689 Lot de cartons à médailles.

AR 73
AR 74
OR 81
OR 82
OR 83
L'UNION
MAURICIENNE
ASSURANCES
MUTUELLES
CONTRE
L'INCENDIE
BR 69
AR 97
COLONIES FRANÇOISES
BR 3
AR 105
OR 128
AR 151
OR 134
OR 245
OR 242

AR 154

AR 146

AR 157

AR 155

Et. Bourgey, Expert, 7, Rue Drouot, Paris.

G. Boüan - imp. Paris

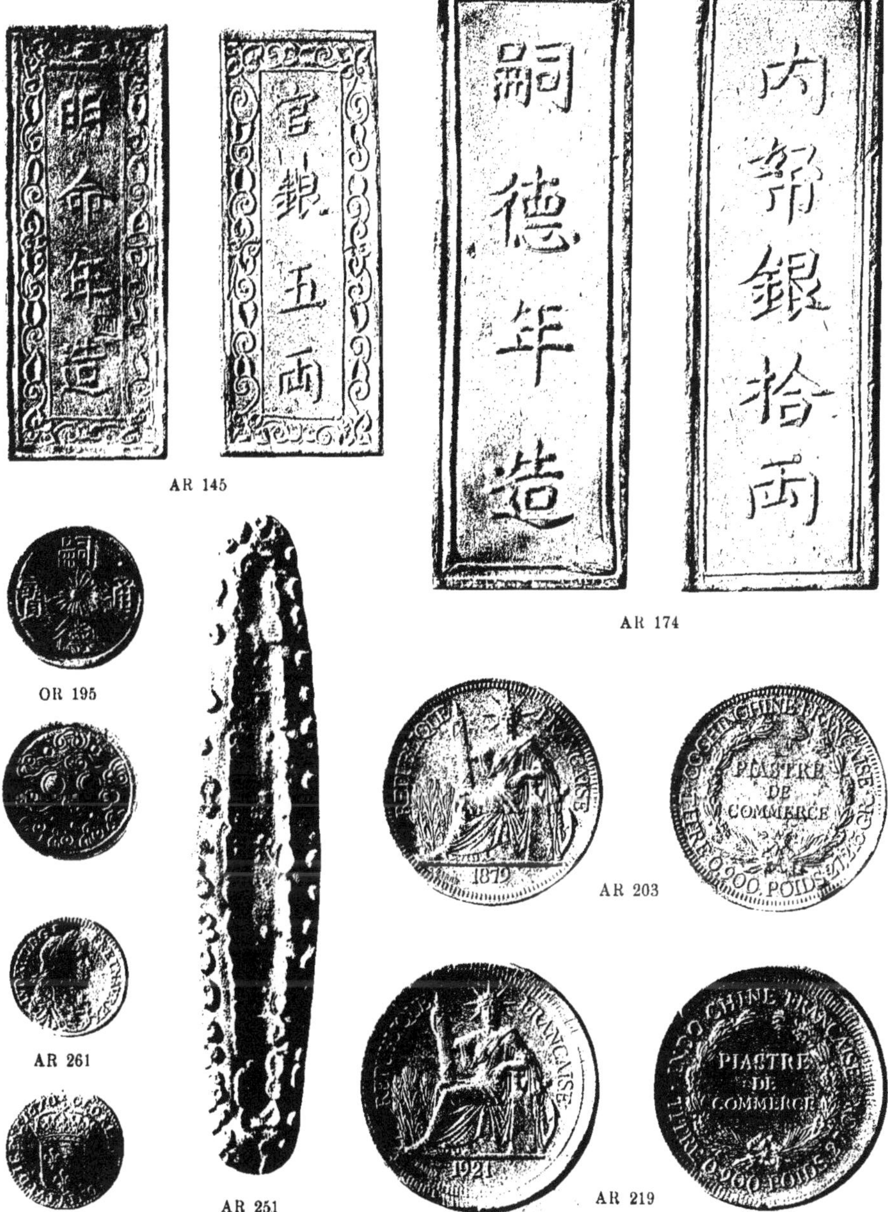

AR 145

AR 174

OR 195

AR 203

AR 261

AR 251

AR 219

Et. Bourgey, Expert, 7, Rue Drouot, Paris. G. Boüan - imp. Paris

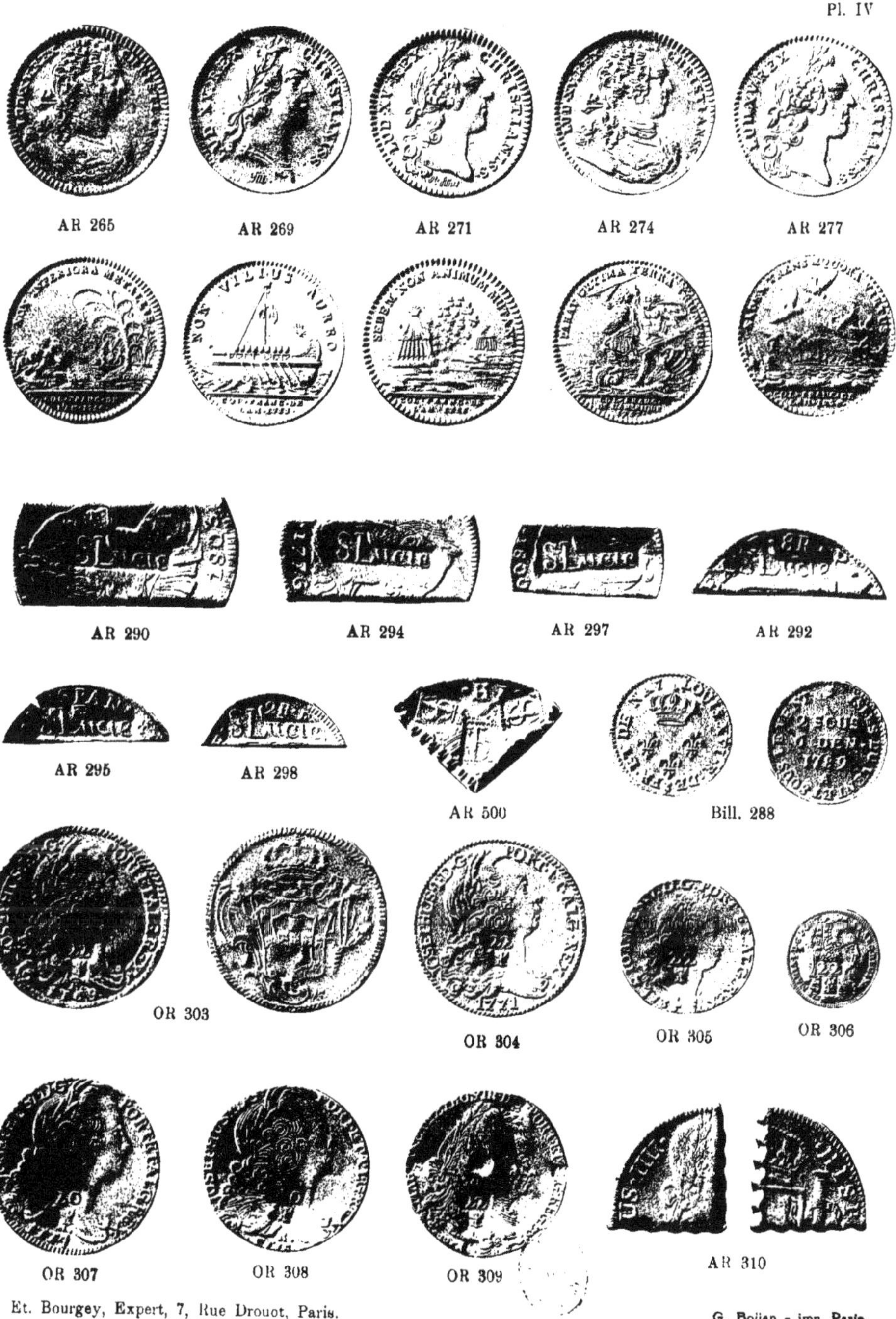

AR 265 AR 269 AR 271 AR 274 AR 277

AR 290 AR 294 AR 297 AR 292

AR 295 AR 298 AR 500 Bill. 288

OR 303 OR 304 OR 305 OR 306

OR 307 OR 308 OR 309 AR 310

Et. Bourgey, Expert, 7, Rue Drouot, Paris.

G. Bouan - imp. Paris

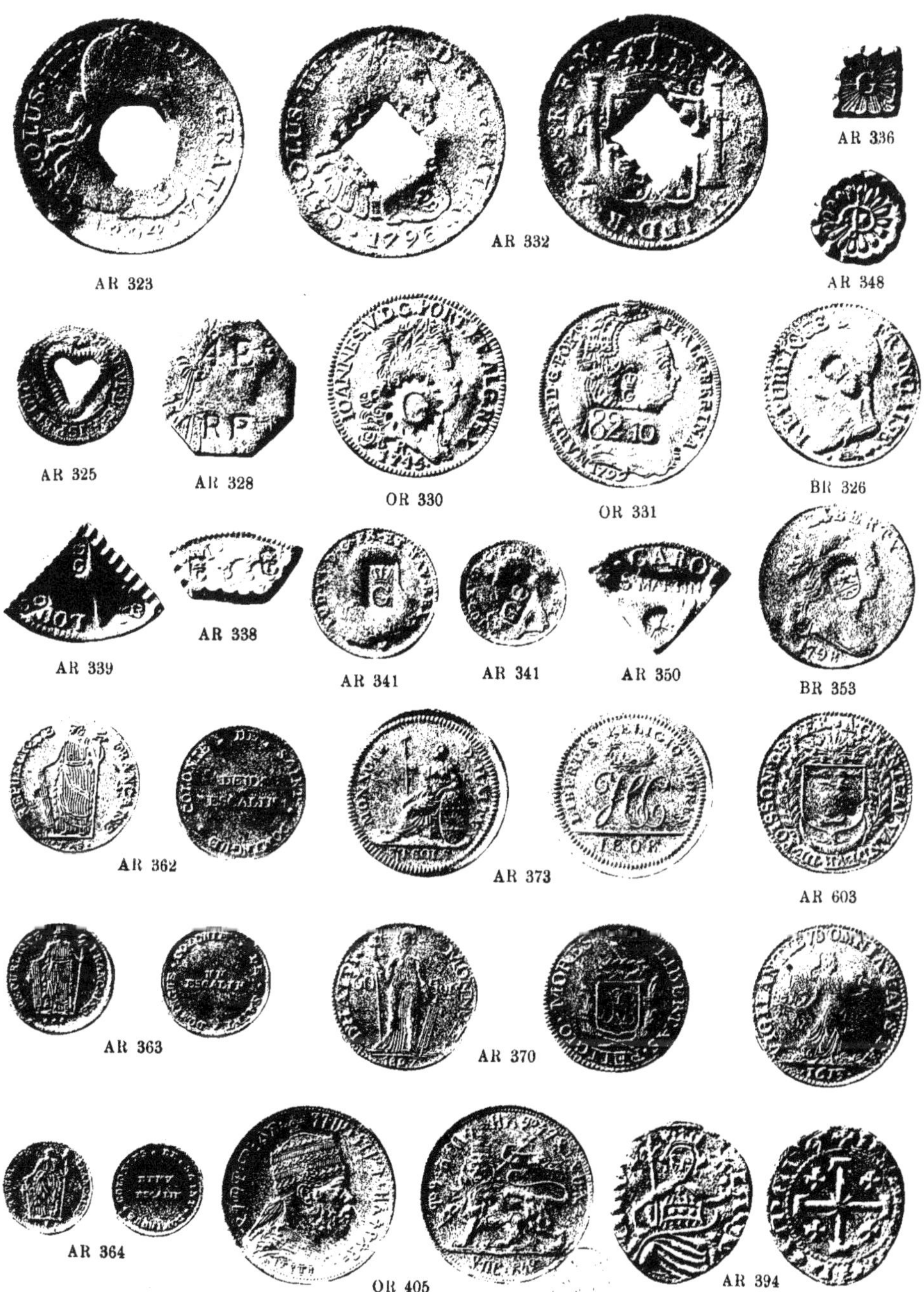

Et. Bourgey, Expert, 7, Rue Drouot, Paris.

G. Boüan - imp. Paris

www.ingramcontent.com/pod-product-compliance
Ingram Content Group UK Ltd.
Pitfield, Milton Keynes, MK11 3LW, UK
UKHW021819190726
13853UKWH00003B/1061